15分以上

誰とでも

会話がとぎれない！話し方66のルール

野口 敏

すばる舎

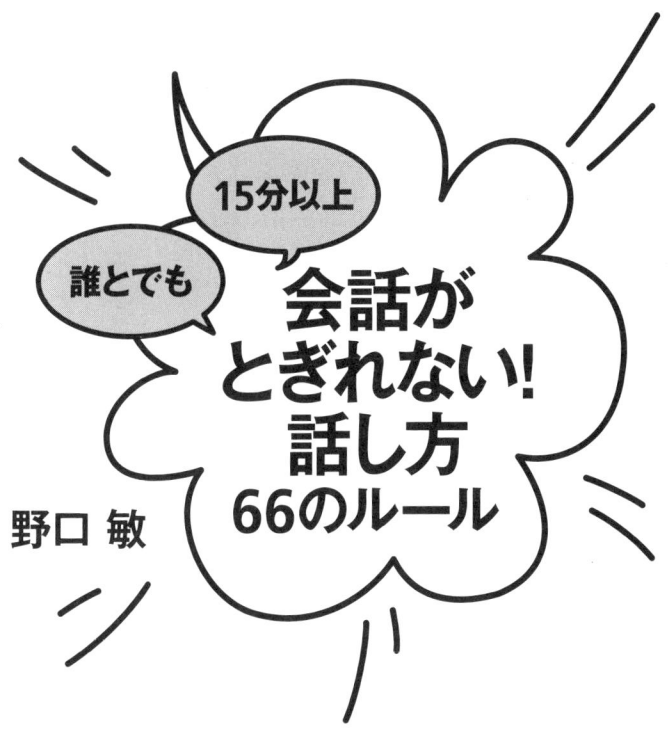

はじめに

今日からどんな人とも楽勝で会話が続きます！

この「基本ルール」を押さえれば大丈夫

コミュニケーションの方法をお伝えして、かれこれ二十年の歳月が流れました。

私が主宰する教室に訪れる生徒さんは、同じような悩みを口にされます。

「相手がノッてこない」「次の言葉が出てこない」「知らない話題だとついていけない」「沈黙から抜け出せない」「盛り上がるネタがない」……。

もしかしたらみなさんも、会話がとぎれる、続かないという悩みを抱えていませんか？　会話は人間関係を築く上で欠かせないもの。いつまでも会話に不安を感じていると、人と話すことさえ煩わしくなり、豊かな関わりをもてなくなってしまうかもしれません。

こうした悩みをすべて解消できるのが本書です。

会話力が自然とアップする「話し方ルール」をステップごとにくわしく説明しています。たとえば、15分以上話すステップはこんな感じです。

■まず5分！〉相手の話をとにかく「聞く」

■スイスイ10分！〉自分の気持ちをちょっぴり「話す」

■楽勝で15分以上！〉相手に「質問」しながら話題を広げる

実は、とってもカンタン。このステップで話を進めれば、会話は10分、20分、30分と面白いほどふくらみ、はずんでいきます。

また、聞き方、話し方、質問の仕方などにもコツがあります。一例を挙げましょう。

・相手には「共感の言葉」を送る　49P・52Pへ
・次の言葉に迷ったら「でしょうねー」　104P・109Pへ
・「ふだんの行動」「行動のクセ」は誰からも歓迎されるネタ　66P・70Pへ
・ネタが尽きたら「そういえば……ですよね」と過去にさかのぼる　157Pへ
・知らない話題は、相手を主人公にする質問でバッチリ　115P・123Pへ
・「……のとき、あなたはどんな人？」で大爆笑！　70Pへ

このように本書では会話をつなげたり、はずませたりする方法を具体的にアドバイスしています。この他にも困った場面での受け答えや、人の輪にとけこめる話し方などを多数紹介しているので、あらゆる場面に対応できるようになります。

秘訣は「気持ち」を伝え合うことだった！

なお、ぜひとも知っておいてほしいことがあります。それは、会話で伝え合って

いるのは自分と相手の「気持ち」だということです。

「会話は言葉のキャッチボール」ではなく「気持ちのキャッチボール」なのです。

話し方のテクニック以前に、この基本を忘れないようにしましょう。

たとえば、話を聞くときは、目の前にいる人の「気持ち」に注目します。

どんな人でも、自分の気持ちを聞いてほしいもの。それだけで、嬉しい気持ちが何倍にもふくらんだり、辛い気持ちだって一気にとけて消えてしまいます。

相手の話は自然と広がり、瞬く間に時間が経ってしまうでしょう。

一方、話すときは自分の気持ちを〝ちょっぴり〟伝えてみます。

あなたが心の鎧《よろい》を脱げば、相手も緊張感や警戒心を解いてくれるもの。ギクシャクしていた会話がなめらかになり、楽しいエピソードがドンドン飛び出します。

もしかしたら、「気持ち」といわれても、ピンとこない方もいるかもしれません。

忙しさのあまり、気持ちをゆっくりと感じる暇をもてなくなっている方は少なくありません。自分の気持ちから切り離されると、他人の気持ちもわからなくなってしまうんです。

あなたが本気で会話力を身につけたいのであれば、断ち切ってしまった感情とのパイプをもう一度、つなぎ戻す必要があります。本書を読んで、〝気持ちをちょっぴりオープンにしていくコツ〟を少しずつでいいのでつかんでいきましょう。

毎日が「楽しい会話」でいっぱいに

会話とは、相手と自分の気持ちをやりとりすること。心の交流をすること。

この基本を押さえておけば、会話はとても楽しいものに一変します。

あなたがふだん、見て聞いて感じていること、それらが丸ごとネタになり、相手の共感を呼ぶ話題があふれ出してくるはずです。

相手の反応がとてもよくなったり、あなたも自然体で話せるようになったり、場を盛り上げられたりと、さまざまな効果が表れます。

日増しに、どんな人とも打ち解けて、心から会話を楽しめるようになっていくの

は間違いありません。

私の教室にも会話下手だと思っている方々が大勢見えますが、レッスンを積むうちに、みなさん肩からすっかり力が抜けて、いっぱいの笑顔で卒業していかれます。

さて本書では、「聞く力」「話す力」「質問する力」の順で説明し、会話の基本をくまなく伝授します。

発展編として、どんな人とも会話がはずむ「受け答えの技術」「関係づくりのコツ」や、「複数の人と会話をするコツ」「一つ上の話し方」について説明します。

活用場面は幅広く、仕事先、職場、会合、パーティーなどでも大活躍するはずです。そのまま使えるフレーズも盛りだくさんなので、本書を手放せなくなることでしょう。あなたの毎日が、潤い豊かなものになるお手伝いができれば幸せです。

二〇〇九年七月
著者

目次

2章 「話題選び」はコレでバッチリ
相手がどんどんノッてくる
気持ちの〝ちょっぴり〟オープン術

3章

気持ちを尋ねるからイメージが広がる

話が一気にあふれ出す「質問」のツボ！

4章

「困った場面」のひと工夫

どんな場面でも切り抜けられる「受け答え」の技術

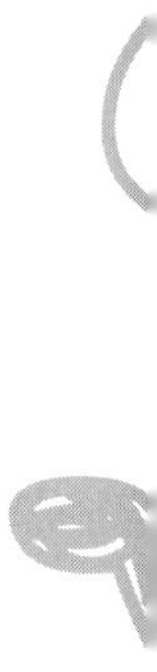

5章

気軽に話せる「関係づくり」のコツ

「ゼスチャー＆声かけ」ココだけレッスン

6章 気兼ねなく会話を楽しめる「人の輪」にすんなりとけこめる「話し方の基本」

7章 もっと親しくなりたい人がいたら！

一目置かれる"ひとつ上の話し方"

装丁……石間淳

本文レイアウト……相馬孝江（TYPEFACE）

挿絵……草田みかん（TYPEFACE）

1章

ココから始めるとカンタンです

この「聞き方」でどんな人とも会話が続く！

1 人は「自分の話」をしたいもの

「聞く力」が大事な理由

会話を続かせたければ、まずなにより「聞く力」をつけることです。

ほとんどの人は、会話をはずませるためには「話す力」が必要だと考えがちですが、会話が苦手だと、自信をもてないならば、絶対に聞くほうからはじめてください。

なかには「私は聞くことはできるのです」と言う方がいますが、話がはずまないのであれば、それは聞く力がないということになります。

「聞く」とは、単に相手の言うことを理解することだけではありません。

たとえば、あなたの話し相手が「私、コブクロのファンなんですよ」と言ったと

あなたはどんな会話スタイル？

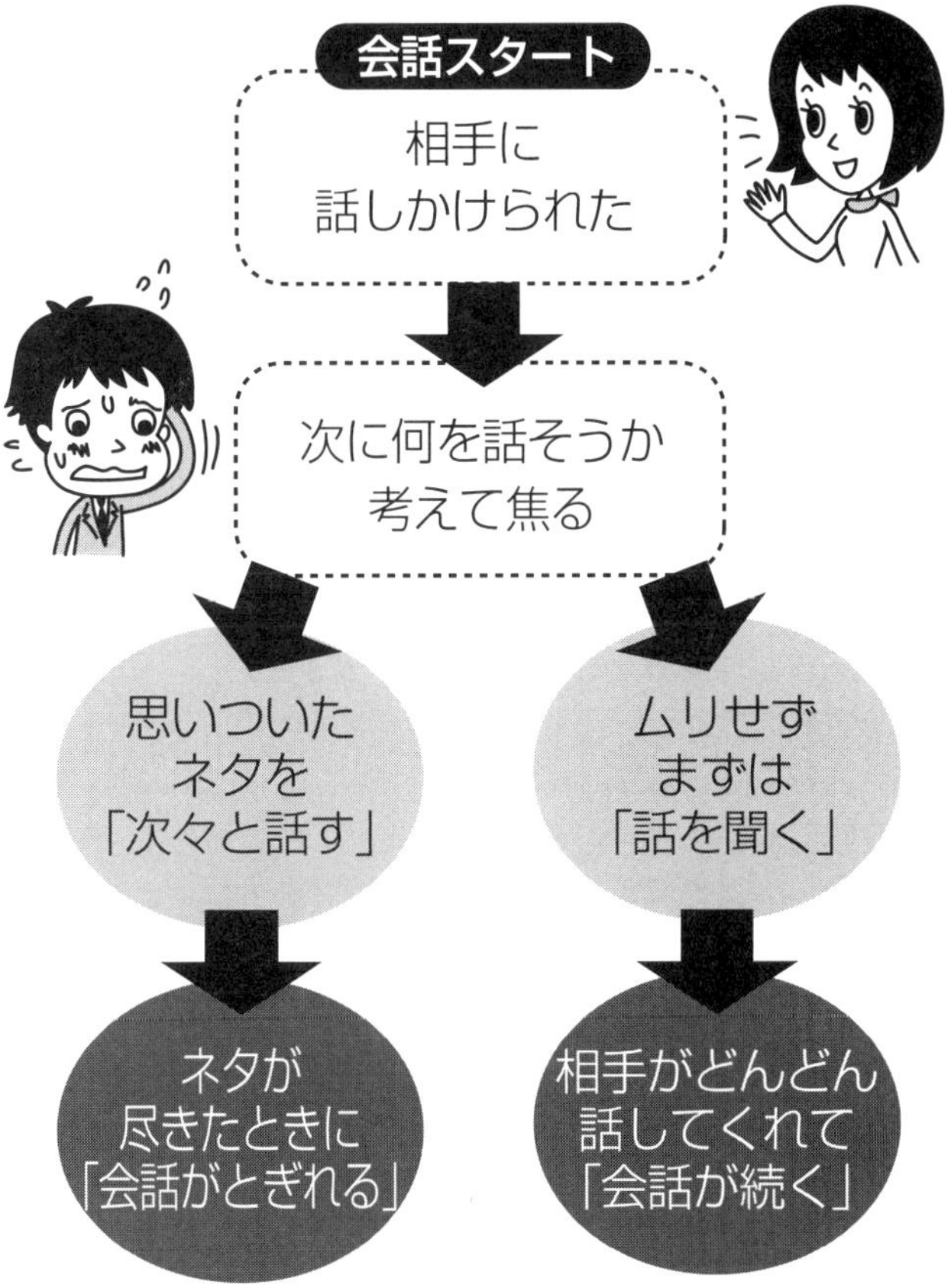
会話スタート
相手に
話しかけられた
次に何を話そうか
考えて焦る
思いついた
ネタを
「次々と話す」
ムリせず
まずは
「話を聞く」
ネタが
尽きたときに
「会話がとぎれる」
相手がどんどん
話してくれて
「会話が続く」

しましょう。

「聞く力」よりも「話す力」が大事だと考えている人はここで、「コブクロはストリートからスタートしたんですよね。私もストリートミュージシャンの歌を聞くのが好きですよ」

などと自分の話にもっていこうとしがちですが、これではうまくいきません。

なぜなら、相手はコブクロについて話したいことがあったから、その話をはじめたはずなのに、こちらが話題を奪ってしまったために、自分の話ができなくなってしまったからです。

こうした相手の気持ちに気づけないと、その人の話す気持ちは萎えてしまい、話が盛り上がるはずはありません。

会話には「話す力」よりも相手の気持ちを「慮《おもんぱか》る力」のほうが必要です。

こうして話があふれ出す！

人は誰もが「自分の話を聞いてほしい」「気持ちをわかってほしい」という思いを抱いています。それは希望などという軽いものではなく、本当に熱望です。

「話を聞いてもらえて楽になった。ありがとう」

と言われたことが、あなたも一度くらいありませんか。

人は自分の気持ちを言葉にして吐き出し、誰かに聞いてもらいたいのです。すると、嬉しい気持ちは何倍もの喜びになり、辛い気持ちはとけて消えてしまいます。

話を聞くという力には、本当に不思議で大きな力があるのですね。

「会社をやめたい」と言われたら、「なにがあった？」「やめてどうするの？」などと先を急がず、そこにある気持ちに焦点をあてます。たとえば、

「やめたいぐらい嫌なことがあったの？」

「しんどいの？」

などと、気持ちをくみ取る言葉を投げかけると、その人は自分の気持ちをわかってくれる人が現れた喜びで、もう話は止まりません。

嬉しくなって、ポンポンと思いがけない話をしてくれるでしょう。

それは、いずれその方のプライベートな話へと深まっていくはずです。会話がはずまないわけがありません。

他人の注目を集める気の利いた話題を探すより、目の前にいる人の気持ちに注目してください。それは誰もが待ち望んでいる態度です。

話がはずむばかりでなく、相手の好意や信頼まで手にできるはずです。

意外と人の話を聞けていないもの。まずは、相手の気持ちを受けとめてみよう。

2 「聞く」とは「反応」することです

うなずき方にもバリエーションを

話を「聞く」とは、「相手の言うことを理解することだけでは事足りない」と前の項目でお話しました。ちょっと考えてみてください。

あなたが自分の話を熱心にしているとき、相手の相づちが少なかったり、無表情で聞かれていたらどう思いますか？

たとえ相手が、自分の話を一字一句、漏らさず聞いていたとしても、おそらく嬉しくはないでしょう。

人が話をするとき、聞き手に求めているのは「反応」なのです。

無反応だと「あなたの話に興味はない」、もっと悪くなれば「あなたの話は間違っていると思う」などと否定的に受け取られる可能性が高いでしょう。

どんどん話しづらくなり、会話は尻つぼみで終わってしまいがちです。

あなたは反応の大きい人でしょうか。

たとえば、きちんとうなずいて「聞いています」というサインを送っていますか。

聞き上手は、うなずき方一つ見ても、話し手の気持ちの変化に合わせて、ゆっくりうなずいたり、強く短くうなずいたりして、ちゃんと変化をつけています。

これが話し手から見ると、すごく熱心に聞いてくれている感じがするのです。

「聞く」とは、耳だけで行う作業ではなく、体全体で行うものです。

いままで、あなたの会話がはずまなかったのなら、それは話題がないせいではなく、「反応」のしかたに問題があった可能性はありませんか。

話し手の気持ちの変化に合わせて、うなずき方にも変化をつけよう。

きちんと反応しよう

反応がいいと話しやすい

反応が悪いと話しにくい

3 いきなり質問しないほうがいい

相手が話したいことは何か？

実際に、どんな「聞き方」をすればいいのか見ていきましょう。

たとえば、会社の同僚から、

「昨日は定時で帰れると思ったら、課長につかまって3時間も残業だよ」

と言われたら、あなたならどんな言葉を返しますか。

このとき、「どんな仕事だったのか」「その日はなにか用事があったのか」「抜け出す口実はなかったのか」などと、話を前に進める質問をするのは、少し待ってほしいのです。

聞き上手はここで「相手の気持ち」に焦点をあてます。
なぜなら、聞き手が一番わかってほしいのは「出来事のあらまし」ではなく、「そのときの気持ち」だからです。

コレがいい反応の仕方！

では、「定時で帰れると思ったら、課長につかまって3時間も残業になった同僚」の気持ちを想像してみましょう。

感情表現が苦手な人は、他人の気持ちにも鈍感になっています。

そういう方はまず、その気持ちが「プラス」か「マイナス」のどちらなのかを感じることからはじめてみましょう。「プラス」と感じたらプラスの反応をし、「マイナス」と感じたらマイナスの反応をしてあげます。

この場合はもちろん「マイナス」の気持ちです。「わー」でも「うわっ」でもなんでもけっこうです。相手の身になって、なんらかの気持ちを表現してみましょう。

大事なのは言葉ではなく、あなたの感じた気持ちを伝えることです。

相手の気持ちをもう少し感じ取れるようになったら、
「それは嫌でしたね」「ついてないね」「課長も無茶言うね」
こうした具体的な言葉を送ってあげましょう。

同僚は気持ちをわかってくれたことであなたに心を許し、さらに奥深くの気持ち、たとえば「課長が嫌い」とか、「その日は付き合って間がない恋人と会える日であった」などという胸の内を話してくれる可能性があります。

自分のことをわかってくれて受け容れてくれるあなたに、相手はちょっぴりオープンになるのです。

相手の感情が「プラス」か「マイナス」かを察知して「うわー」「きつい」「すごい」などと、とにかく反応してあげよう。

こんなふうに共感してみよう

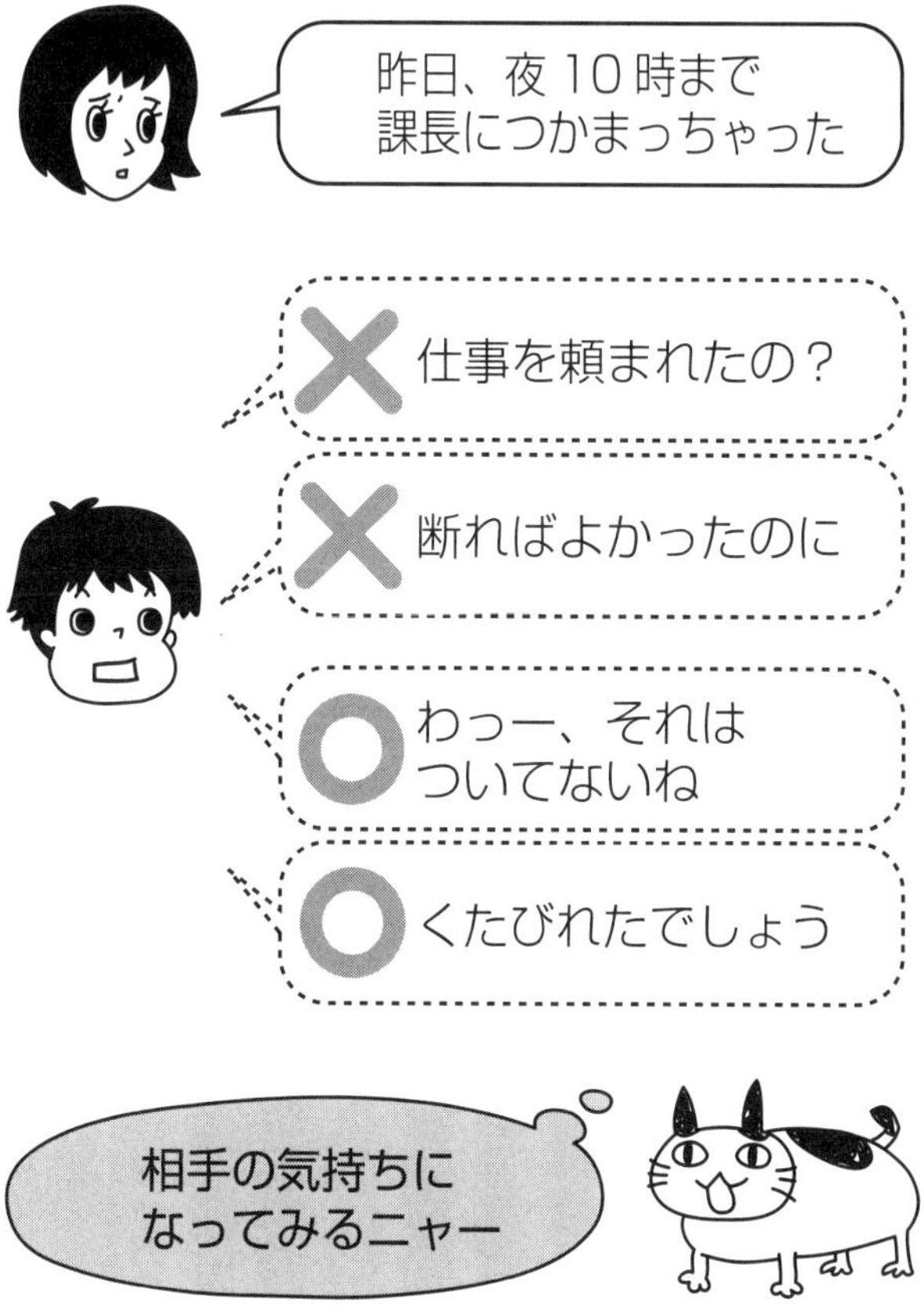

昨日、夜10時まで
課長につかまっちゃった
仕事を頼まれたの？
断ればよかったのに
わっー、それは
ついてないね
くたびれたでしょう
相手の気持ちに
なってみるニャー

4 気持ちをくみ取る練習をしよう

「嬉しい」の千倍の気持ちとは？

私たちはふだん、「せつない」とか「寂しい」などという細やかな気持ちを感じるゆとりを失っています。

断ち切ってしまった感情とのパイプをもう一度つなぐためにも、私の教室では「聞くレッスン」で、相手の気持ちをゆっくりと感じることからはじめます。

生徒さんはレッスン中、他人の気持ちを感じようと努力するのですが、すぐには言葉が思い浮かびません。こうしたことに神経を使うのは、はじめての経験なのかもしれません。

「さあ、一歳になったばかりの赤ちゃんが、はじめて立ち上がった瞬間を見たパパはどんな気持ち？」

こんなふうに私から問われて、みなさん「えー！」「うーん」などと言いながら、その人の気持ちになろうとします。

「嬉しい」とようやく言葉が出るのですが、まだまだ不十分。

「テキストに〝嬉しい〟の千倍の気持ちって書いてありますね」

なんて突っ込まれて、ふうふう言いながら長い時間をかけてようやく「感激！」なんていう気持ちを探し当てます。

うまく探せた人はけっこう満足そうです。

こういう一つひとつの積み重ねが、生徒さんの情緒を刺激して、他人だけでなく、自分自身の細やかな気持ちを見つける練習にもなります。

こんなふうに話そう！ルール

喜怒哀楽、それぞれの気持ちを表す語いを増やそう。

5 「わかってほしい」ところに反応する

声のトーンや表情などを要チェック

「私、今年はもう5回もお花見に行きましてね」

「ほう、お花見ですか」

いかにもうまく共感できているように見えますが、これでは話ははずみません。

なぜなら、話し手のわかってほしいところに共感していないからです。

この場合だと、

「ほう、5回も！」

と、5回に共感してあげなくてはいけません。共感してほしいポイントをうまくわかってあげられないと、話し手はがっかりして話す意欲が失われます。

話を聞くときは、話し手の声のトーンやしぐさ、表情などをきめ細かく観察しながら、話し手はいったいどこをわかってほしいのかを感じる必要があります。

この場合の話し手も、おそらく「5回」を強く言ったり、5本指を広げたりして、自分の気持ちを強調していたはずです。さらに、

「ずっと疎遠だった友達と5年ぶりに連絡をとって、2人が好きだったスピッツのコンサートに行こうとしたのですけど、2時間も予約の電話をし続けても結局チケットはとれなかったのです」

などという話になったときは、話し手が共感してほしいポイントがいったいどこにあるのか見当がつきません。

「疎遠であった友達と5年ぶりに連絡をとったこと」なのか、「スピッツのコンサートに行くこと」なのか、「チケットをとるのに、予約の電話を2時間もし続けて結

局とれなかった」ことなのか、見分けがつかないのです。

こうした状況でも、話し手の気持ちとずれた共感をすると、話がトーンダウンしていくのですからむずかしいものです。

話し手の声や表情や身ぶりで、いったいどこが強調されていたのかを鋭く感じとるしか方法はありません。

どんな場面でも共通することですが、話し手の言葉ばかり聞いていては共感するポイントをつかめません。聞き手になったときは、いつも話し手の気持ちに焦点をあてて聞いてください。

話し手の声のトーンや表情や身ぶりから、どの部分に一番力が入っているのかを感じとろう。

観察するポイント

表情

□明るくイキイキしている
□ちょっと沈んだ感じ
□表情がかたく、緊張気味　等

声の出し方トーン

□大きな声で、早く聞いてほしそうな様子
□声が小さく元気がない感じ
□スピードが速く興奮している感じ
□ゆっくりとしており落ち着いている　等

身ぶり

□ゼスチャーが多く
　楽しそうな感じ
□身ぶりを交えず
　淡々としている
□動作が大きく快活な感じ
□動作が小さく消極的な感じ　等

どんな気持ちで
話しているか
観察するニャー

6 話をせかさず、5秒ぐらい待ってみる

穏やかな表情でアイコンタクトを送る

同僚「昨日は定時で帰れると思ったら、課長につかまって3時間も残業だよ」
あなた「うわっ、それはついていなかったね」
同僚「そうなんだよ」
さあ、ここまで会話が続きました。同僚が「そうなんだよ」と言って黙ったらどうするか。
あなたも、ここで沈黙してみるのです。ほんの3~5秒ぐらいでいいでしょう。
なお、不安はあなたの表情をこわばらせます。相手はその怖い顔を見て、拒絶的

な雰囲気を感じて不安になり、その結果、会話がぱったり止まるのです。
ですから、**同僚の顔を穏やかに見て、「それからどうなんだい？」という表情で、相手から話が出るのを待ってみましょう。**

あなたが穏やかなら、相手もゆっくり考えを巡らして、話題を見つけることができます。このとき、優しげな表情でアイコンタクトをとることを忘れずに。

お互いにゆっくりできるから、当人の最も話したいテーマが見つけられ、話が盛り上がっていくのです。

「それでも、相手が話すことを見つけられなかったらどうするのですか！」と教室でよく質問が出ます。みなさん本当に心配症ですね。そういうときは相手に「質問」したり、〝気持ちのちょっぴりオープン会話〟を使ったりしますが、その前にしっかりと「沈黙して待つ力」をつけてください。

沈黙が訪れてもドギマギしない。5秒ぐらい、次の言葉を待ってみよう。

7 「聞きたい方向」に誘導しない

核心部分を話すまで待つ

聞き上手とは質問ができる人。こんなふうに考えていませんか。

しかし、本当の聞き上手は、質問より「待つこと」を優先します。

相手が話す材料を持っていなければ質問しますが、まずは沈黙して待つことを選びます。

なぜなら「質問」は、質問者の「聞きたいコース」に話し手を誘導するものであり、「話し手」の「話したいコース」から外れてしまう可能性があるからです。

同僚　「昨日は定時で帰れると思ったら、課長につかまって3時間も残業だよ」
あなた「どんな仕事だったの？」
同僚　「今度の企画会議の資料作りだったんだけどね」
あなた「今度の会議は社長も出るらしいからね。上司の言うことには逆らえないね。サラリーマンの宿命だろ」

これは、大変まずい展開です。なぜなら、この同僚は伝えたいことがあって話しはじめたのに、聞き手が質問をして、話の方向性を決めてしまったからです。

同僚は「いつも残業を言われるのは自分ばかりだ」「課長は昼間はブラブラしているのに、定時近くになると仕事をしはじめて嫌になる」という話をしたかったのかもしれません。

ですから、人の話を聞くときは、いきなり質問をせずに、話し手がどの方向に話を進めたいのかを見極めなければならないのです。

同僚「昨日は定時で帰れると思ったら、課長につかまって3時間も残業だよ」

あなた**「うわっ、そりゃ災難だったね」**

と相手の気持ちを受けとめて沈黙して待つ。そうすれば同僚は、自分の言いたいことを話せます。

話したいことをなんでも話せるからこそ、会話は盛り上がりますし、なにより、聞き上手なあなたに親近感や好意をもつのです。

こういった気遣いをせずに、ひたすら自分の話をしている、自称〝話し上手〟さんより、口下手で黙って話を聞いてくれる人のほうが好かれるのは、言うまでもありません。

話の方向性を見極めてから、質問するならＯＫ。

8 こんな「オウム返し」で、相手がノッてくる！

語尾に「♪」をつけてみる

聞き方の本などを読むと「オウム返し」という言葉がよく出てきます。

「昨日は横浜でご飯を食べてきましてね」と言われたら、「まあ、横浜でですか」と相手の使った言葉をそのまま返しなさいということです。

これは聞き方の絶対的セオリーなのですが、これを使っても話がはずまなかった経験をもつ人もいるのではないでしょうか。単に言葉だけを返しても、話し手は「自分のことをわかってくれている」とは感じないからです。

会話は気持ちのキャッチボールですから、「まあ、横浜でですか」の言葉に、な

んらかの気持ちが乗っていなければいけないわけです。たとえば「うらやましい」とか「素敵」などのニュアンスがこもった「横浜でですか♪」にならなくてはいけません。「♪」のところが大事なのです。

相手はあなたの気持ちを感じて、心が通じ合っていることを確認し、話す意欲が増してきます。こうなれば会話が止まるということはまず考えられません。

心が通じていると感じた相手は、きっとあなたにも関心をもち、質問してくるでしょう。そこからまた別の話に発展し、コミュニケーションが深まっていきます。こうなればもう、会話のテクニックなど不要です。

そのきっかけは、あなたが送った一つの気持ちにあったのです。会話は気持ちのキャッチボール。この言葉を忘れなければ、会話ははずむものなのです。

淡々とオウム返しするのはNG。自分もノッてあげるサービス精神をもとう。

9 「返事のフレーズ」を複数持とう

「大変ですね」「よかったですね」は原則禁止

共感の言葉で最も多用されているのは「大変ですね」でしょう。

「今日は残業なんですよ」「大変ですね」

「子供が4人いましてね」「大変ですね」

「1カ月で200ページの本を書き上げなくてはいけないのですよ」「大変ですね」

こんな具合に、なんでも「大変」「大変」というワンフレーズで会話をしのごうとする人が目につきます。

「大変」とは「大きく変わる」と書きますから、「地震で家が倒壊した」「妻に逃げられて子供2人を育てていかなければならない」など、大きな苦しみをともなう事態に使う表現だと思います。

それをなんでもかんでも「大変」と言ってしまうものですから、言われた方では「本気でわかってくれてはいない」と受け取ってしまうでしょう。

かけてもらえると嬉しい言葉は？

会話力をつけたければ「大変」にかわる表現力をつけることです。

「今日は残業なんですよ」と言われたら、**「それはしんどいですね」**でしょう。

「子供が4人いましてね」であれば、ネガティブにとらないで、**「それは楽しみですね」**のほうが、話し手は嬉しいはずです。

「1カ月で200ページの本を書き上げなくてはいけないのですよ」と言う人には、**「さすがですね」**という賞賛の気持ちをぜひ送ってあげてください。

「大変」とともに重宝されているのが「よかったですね」です。こちらも繰り返し使っているうちに値打ちが下がって、話し手の意欲をくじく結果になってしまいます。

「37才にして、はじめて彼女ができまして。しかも優しい人なんです」

と言われたら、「よかったですね」と言いがちですが、ここはもう少し相手の気持ちを深く感じとって、**「それはお幸せですね」**と言ってあげたいところです。

あなたが話し手の立場なら、「お幸せですね」のほうがより嬉しいでしょう。

バリエーション豊富な「共感の言葉」をもった人のほうが、話し手の喜びをより大きく刺激するのはまちがいありません。

そのためには日ごろから「感情表現」に興味をもって、周りの人の表現方法も参考にしながら、取り入れていくといいでしょう。

「楽しみですね」「幸せですね」「期待できますね」のように、共感の言葉を増やしていこう。

10 話に詰まったときの脱出法

とにかく「共感の言葉」をくり出す

相手「携帯電話を落としてね。落としてはじめてわかったけど、自分の携帯の番号って覚えてないものだね」
あなた「うわあ、それは困りましたね」
相手「ええ、慌てましたよ……」
あなた「……」

さあ、みなさんが最も忌み嫌う「沈黙のとき」がやってきました。

「困りましたね」という共感の言葉も送っているし、しばらく沈黙して待ってみました。けれども、沈黙というヤツは会話に必ず訪れる〝小悪魔〟なのです。

「携帯はどこの会社ですか？」「警察には届けましたか？」などと苦し紛れの質問をすると、会話の流れを押しとどめて、雰囲気をこわしてしまいます。

こういうときは、しばしの沈黙のあと、もう一度、別の共感の言葉を送ってみてください。

「困りましたね」は使いましたから、そのあとは「意外と覚えてないものですね」「慌てますよね」などという言葉でいいでしょう。

先ほどの会話の続きを見てみましょう。

相手「ええ、慌てましたよ……」

あなた「……」

相手「……」

あなた**「意外と覚えていませんね」**

相手　「ええ、そうなんです」

あなた**「それは慌てたでしょう」**

相手　「そうです。それでいい方法を思いつきまして、知り合いに電話で自分の番号を教えてもらおうと、ひらめいたのですよ」

あなた**「その手がありましたね！」**

相手　「ただ、その知り合いの番号がわからなくて」

このように、もう一度、共感の言葉を送りゆっくり待つことで、相手の話を引き出せることがあります。今度話に詰まったら、一度チャレンジしてみてください。

話に詰まっても、ムリして質問を投げかけなくてもいい。ひたすら「共感の言葉」を送ればOK。

11 沈黙は「休憩時間」と考えよう

ちょっとだけ視線を外してリラックス

多くの人が沈黙を恐れて、そこから逃れようと躍起《やっき》になるものです。

しかし、沈黙はどんな間柄の2人にも必ずやってくる訪問者です。

もし、相手が話に詰まったときであっても、表情やアイコンタクトで、「大丈夫ですよ、そのうちなんとかなるでしょう」という気持ちを伝えられたら、相手もふっと心を和ませて、ゆっくりとした時間を過ごせるでしょう。

よく「あの人とは一緒にいて落ち着ける」という言葉を耳にします。

それはきっと、「沈黙を共有できる」という意味で使われているのではないでしょうか。

逆に、沈黙を埋めるためになんとか話題を見つけて話し続けようとする人と一緒にいると疲れるものです。沈黙を「次の会話までの休憩時間」と思えると、お互いにリラックスできて、それが次の会話を生む力となります。

沈黙が訪れたら、焦らずにまずはアイコンタクトをしてみましょう。

それでも沈黙が続くようなら、しばらく外の風景でも見ている感じで視線をよそに向けておきます。

そして、どちらかが話題を見つけたら、また視線を相手に戻せばいいでしょう。

会話がとぎれたことで自分を決して責めたりしないでください。まずはあなたがリラックスする。これを心に留めておきましょう。

会話が止まっても焦らなくて大丈夫。表情や視線で相手に「大丈夫です」というメッセージを送ってみよう。

2章

「話題選び」はコレでバッチリ

相手が
どんどんノッてくる
気持ちの
“ちょっぴり”オープン術

12 会話がふくらむ「話」とは？

気持ちを「表現する」のが基本！

会話をとぎれさせない秘訣は「聞く力」にあるとお話しました。聞き方次第で、相手の話がどんどんふくらみ、会話が自然と続いていくようになります。

では、いよいよ「話す力」について説明していきます。本章で述べる「話す力」とは、自分の気持ちや相手の気持ちを考えて、やりとりできる力です。

つまり〝気持ちのちょっぴりオープン〟な会話です。

親しい人との会話を思い出してみましょう。

会話がふくらみ、はずんでいるのは、お互いの気持ちを伝えあっているときではありませんか。このルールは会話をする相手と、どのような関係であっても同じことです。

とはいえ、ビジネスシーンでは、自分の気持ちを率直に話すことにとまどいを感じるかもしれません。たしかに、お客さまや取引先と友達のように打ち解けた関係を築く必要はありません。

しかし、どのような場面でも、軽い世間話などをしながら、あなたの人間性を伝えていき、親しみを感じてもらえるぐらいの「話す力」は必要です。

こうした「話す力」の土台になるのが〝気持ちのちょっぴりオープン〟です。

どんなに些細な会話であっても、人はあなたの「気持ち」を知りたがっています。

たとえば、「ありがとう」と言われても、気持ちがこもっていないと、受け手は全然嬉しくありません。反対に「ありがとう」の言葉がなくても、その気持ちがひしひしと伝わってくれば、私たちは喜びを感じるものです。

「会話は言葉のキャッチボール」ではなく「気持ちのキャッチボール」なのですね。

〝ささやかな気持ち〟で十分

「自分の気持ちを表現する」と聞くと、尻ごみする人もいるかもしれません。「気持ち」というと、「涙にくれたこと」「怒りに震えたこと」「絶望感にさいなまれたこと」のように、たかぶった感情をイメージするからかもしれません。

そんな気持ちをいきなりぶつけられたら、相手もびっくりしてしまうでしょう。

私がお伝えする「気持ち」とは、どちらかというと、小さくて可愛いものを指します。たとえば、こんな感じです。

「電車に駆け込もうとしたら、ドアが目の前で閉められた。その瞬間に、車内の人と目が合ったときの〝気恥ずかしさ〟」

「スーパーのレジに並ぶとき、どうしても可愛らしい（イケメンの）レジ係のほうを選んでしまう〝浅はかさ〟」

「部屋の広さを聞かれたとき、本当は6・5畳なのに、なぜか6・8畳と見栄を張

る〝おろかさ〟」

これなら、誰が聞いても安心して受け容れられますし、こんなささやかな気持ちなのに、相手はあなたに好意をもってしまう魔力をも秘めているのです。

もちろん、コンプレックスやトラウマのように、感情が大きく波打つような部分は、オープンにしなくていいので安心してください。

さあ、あなたも気持ちをちょっぴりオープンにする会話のコツを少しずつでいいのでつかんでいきましょう。

最初は、身近にいる話しやすい人と練習をしながら、徐々にレベルを上げていくといいでしょう。やがて、どんな人とも自然に会話ができて、心から楽しめるようになるはずです。

「事実」の後にちょっとした「気持ち」をプラスする。

13 「素朴な気持ち」ほど共感を呼ぶ

1週間以内の出来事にネタがザクザク

では、どんな気持ちを伝えればいいのか、そのコツをお話ししていきましょう。
あなたはこの1週間で、「ちょっとだけムッとしたこと」「ちょっとだけ悔しかったこと」はありませんでしたか。思い出してみましょう。「素直になれなかったこと」「照れたこと」「ほっとしたこと」「寂しかったこと」「嬉しかったこと」など、自分の心のなかで、かすかに自己主張している気持ちに目をやってください。

どんな気持ちでもけっこうです。それらを題材にしてみましょう。
よくよく考えてみれば、どんな人でも1日のうちで、ちょっとだけムッとしたこ

材料は体験の中にある

この１週間にあった
出来事と
気持ちを思いだそう

**それぞれの場面が
話の材料になる**

とや、小さな喜びを感じたことが数回はあるはずです。問題はそのわずかな感情をつかまえきれているかどうかにあります。一例を挙げましょう。

「電車で立っていたら、次の駅が近づいてきた。自分の前に座っている人が本を閉じてカバンに入れた」

こんな経験なら誰でもしているはずです。あなたはそんなとき、なにを思い、なにをしますか。私なら「おっ♪　降りますか。嬉しい」と思います。体をずらして相手が降りやすいようにします。

しかし、その人が本をカバンに入れて目を閉じてしまったらどうでしょう。

「えっ、降りないの？　それはないよー」って思うでしょうね。

続けて「まぎらわしいことしないで」と思うでしょう。これを話せば楽しいにちがいありません。

「電車で立っていたら次の駅が近づいてきました。すると私の前に座っている人が読んでいる本を閉じてカバンに入れたのです。わあ、ついていると思い、電車が止まりかけたときに、その人が降りやすいように体をちょっとずらしてあげた瞬間、その人はスッと目を閉じて動かなくなりました。まぎらわしいことをしないでほしいなと思いました」

この話から、「座っている人が降りると決めこみ、座れると思った喜びが、ぬか喜びに変わるショック」「体をずらした自分の恥ずかしさ」「まぎらわしいことをする相手に対する憤り」が伝わってきたでしょうか。

あなたも、こんなふうに簡単に話題がつくれます。すぐにでもお試しください。

ささいな出来事でも、楽しい話が生まれる一例。

「うれしかった」↓「釣り銭が１００円多かった」

「くやしかった」↓「僕には無愛想な女性の店員が、隣のイケメンにはニコニコして接客していた」

「腹が立った」↓「カツカレーのカツがメニューの写真の半分しかなかった」

14 「ふだんの行動」が面白ネタに

朝の時間にもドラマがある

人に伝えるなら、「笑いのとれること」「気の利いたこと」でなければならないと思っていると、いい話題はなかなか思い浮かばないでしょう。

実は話題というのは、取るに足らない小さなことでいいのです。

そう、あなたの「何気ない日常」に「いい話題」が潜んでいます。

たとえば、あなたは平日の朝、起きてから支度をして家を出るまでに何分かけていますか。

聞いたところでは、早い人は10分、ゆっくりの人は2時間以上かけているとか。

平均すると女性は60分、男性は45分といったところでしょうか。

「私は会社に行くとき、朝起きてから玄関を出るまでに10分ですよ」

と言うだけで、相手は「えーっ！」と言って、必ず食いついてくるでしょう。

人の暮らしぶりというのは本当に千差万別。人の数だけドラマがあります。

自分には当たり前だと思える日常であっても、他人には驚天動地の話に聞こえることがあり、その違いが「話題のタネ」になるというわけです。

「10分でちゃんとご飯もトイレもすんでいるの？」

「2時間もなにをしているの？」

「家族もそんな感じ？」

といった具合に、話が広がっていく感覚がおわかりでしょうか。

たとえ同じ60分同士だって大丈夫。人によってウエイトをかけているものがちがうので、丁寧に話していくと、そこでまたドラマが見つかります。

「私はご飯を抜いても、眉毛書きに命をかけている」

「化粧は電車でするから、断然ご飯」

「30分はテレビを見ている」

みな始業前には会社にそろっていますが、実はそれまでの朝の時間にいろいろなドラマが繰り広げられているのですね。

「休日の過ごし方」でも10分はもつ!?

「昨日の休みはなにしていたの？」

「ずっと家にいてなにもしてない」

あなたもこんな会話をしたことはありませんか。こんなありふれた話題でも、より具体的に伝えることで、会話がふくらんでいくものです。

たとえば、なにもしなかったのなら、服も着替えなかったはずです。

「朝からずっとパジャマで過ごしたよ」

と言えば、なにもしなかったことが伝わってきますね。そして夜がきます。なにもしなかったのなら風呂にも入らなかったのでしょうか。「風呂も入ってない」と言えば、怠惰な暮らしが伝わってきます。

そして眠りが訪れます。朝からパジャマで過ごし、風呂にも入らなかった人は、だいたい、そのパジャマのまま寝るのではないでしょうか。

「そしたら夜になって、そのパジャマのまま寝た」

ただ「なにもしていない」で終わらせるのと、なにもしていない日常を丁寧に語るのとでは、全然ちがうことが伝わったことでしょう。

「私は家ではなにもしない」「私は新人で会社ではまだなにもしていない」「この5連休は本当になにもしなかった」で終わらせないことです。**「どうなにもしなかったのか」を頑張って表現してみてください。会話力がグンと伸びますよ。**

この他にも「1週間で何曜日が一番つらいか」「ストレスの源」「衝動買いしてしまうもの」「疲れたときのだらけ方」など、日常ネタはたくさんある。

15 「何気ないクセ」を話して親密度アップ！

旅行、食事、趣味など、どんな話題でもＯＫ

話題というと、「旅行」「食事」「趣味」「ファッション」「スポーツ」などを思い浮かべる人が多いでしょう。

しかし、「旅行」について話すとき、ただ「○○に行ったことがある」「次は○○に行ってみたい」では、話が盛り上がらないことを多くの方が経験ずみでしょう。

会話で大事なのは、「お互いがどんな人かわかる」ように話したり聞いたりすることです。そのために「自分がどんなときに、どんな振る舞いや選択をするか」に意識を向けます。

話題の広げ方

話すときは

↓

自分の性格、
人柄がわかる
エピソードを話す

質問するときは

↓

相手の性格、
人柄がわかる
エピソードを引き出す

たとえば「旅行の話」では

「何気ない振る舞い」に着目しよう

例　「何分前に集合場所に到着する？」

・ギリギリ１分前に着く人→マイペースなタイプ
・余裕をもって１０分前に着く人→着実なタイプ
・２０分以上前に着く人→しっかり者、心配性

「旅行」について話すとしても、「自分は旅行のとき、どんな人なのかな」と考えてみます。話は旅行そのものから離れて、旅行を通じて自分の何気ない振る舞いに向かうのです。たとえば、

「電車の出発時間の何分前に駅についているか」

などは格好の話題になります。

平均すると、15分ぐらい前に到着する方が多いようですが、人によっては1時間前であったり、発車時刻直前に到着して、電車に駆けこむような人まで様々なタイプがいます。

こんなことを話すことによって、のんびり屋なのか、せっかちなのか、といった人間性がわかって面白いのです。すると相手も、

「私なら何分前に駅に行きますね」

などと話してくれるでしょう。こうしたときに、

「そんなに早く行って、なにをしているの？」

「そんなにギリギリで、なにかあったらどうするのですか?」

などという質問が出たり、「そういえば」と、ふと思い出したエピソードに話が発展したりして、会話はドンドン盛り上っていきます。

旅行なら、「カバンは大きくなりがちか、人より小さくてコンパクトか」などという話題も楽しくなりそうです。いろいろ考えると面白くなってきますよ。

「自分は○○のときに××なことをする」の一例。

「旅行」↓「旅先だと気がゆるんで、朝からご飯を3杯食べます」「嬉しくて、1週間前から夜、眠れなくなります」

「食事」↓「バイキングで食べきれないと、こっそりパックに詰めたくなる」

「スポーツ」↓「ひいきチームが勝つと、スポーツニュースをはしごしてしまい眠れません」

16 どんな人でも食いつく「天気の話」

「降水確率何%だと、傘を持つ？」

いつでもあなたを助けてくれる、話がはずむネタを一つお教えしましょう。

お天気に絡む話は、誰にとっても共通していて気軽に話せる話題です。

そこで「雨の日、あなたはどんな人？」というテーマで、話を見つけてみましょう。条件は、ほとんどの人にあてはまり、そこに人柄が出ることです。


「雨が降りそうな日（まだ降ってはいない）、出がけに傘を手にするのは降水確率何%から？」

こういうテーマで会話をすると、互いの個性が表れますし、思わぬエピソードが飛び出したりして、話しやすい雰囲気が生まれます。

一般的には、降水確率30～40％で傘を手にする方が多いようです。

しかし、なかには、「そのとき降っていなければ、絶対に傘を持たない」という頑固者もいます。傘を持つのが面倒くさくて、濡れて歩いたほうがましだということです。

大雨の日に濡れながら歩いている人を見たら、「あら？　あなたは面倒くさがり屋さんですか？」と思ってみてください。

このタイプは、家にビニール傘が10本以上あるそうですよ。もったいないですね。反対に降水確率０％の晴天の日でも、折り畳み傘をカバンの奥に潜ませている方もいるようです。

しかも、降水確率が40％を超えると、カバンの傘はそのままにして、長い傘をもう一本手にするのだそうです。

なぜなのか？　私も不思議に思い聞いてみました。

すると「長い傘は盗まれる恐れがある」とのお返事。いったいどこまで心配症なんだか。本当に人柄がにじみ出て、楽しいひとときを過ごせました。

「……で、あなたはどんな人？」の使い方が、少しは伝わったでしょうか。

自分に興味をもち、他人とのちがいを楽しむ気持ちがあれば、こういう話題がたくさん見つかるでしょう。

その他の質問例。
「外出先で雨が降ったら、どのぐらいまで傘を買うのを我慢できる？」
「外出先で傘を忘れたら、どこまでだったら取りに戻る？」
「電車で忘れた傘は、値段がいくらぐらいの傘だと、忘れ物センターに問い合わせる？」

天気の話で盛り上がれる

話の広げ方はさまざま

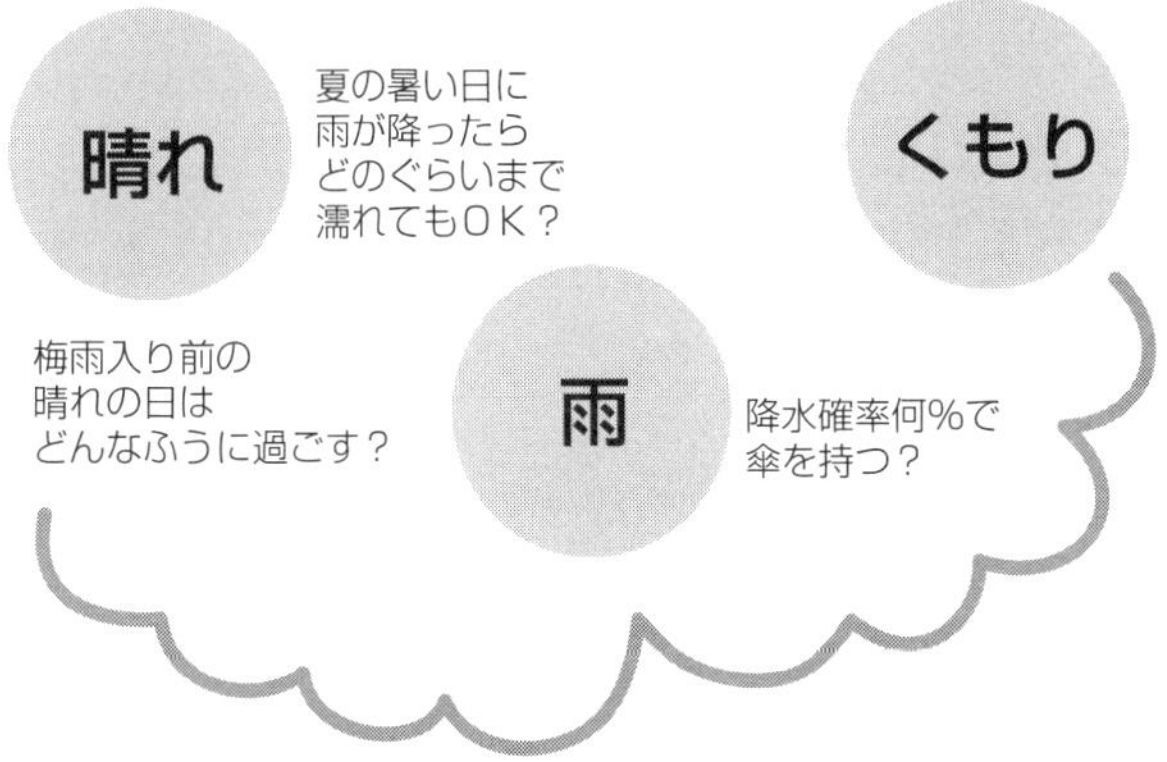
晴れ
夏の暑い日に
雨が降ったら
どのぐらいまで
濡れてもOK？
くもり
梅雨入り前の
晴れの日は
どんなふうに過ごす？
雨
降水確率何%で
傘を持つ？

30%でおりたたみを持つワ
朝降ってなければ持たない

17
「弱さ、いたらなさ」を出したほうがいい

女性との会話で困ったら

女性とどんな話をしたらいいか悩む男性は少なくありません。そうした方に、私はこんなふうにお伝えします。「自分がいかにモテないかを上手にエピソードにできたら、すごくモテるようになりますよ」と。

「弱さ、いたらなさ」はその人の持ち味でもあります。必死で隠そうとすると、結局、自分の個性を殺すことになるのです。

ほとんどの人は、大なり小なりコンプレックスを抱えているもの。いたらない部分を面白おかしく語ってくれる人だと、相手も自分のいたらなさを隠さなくていい

ので気持ちが楽になるでしょう。

ある男性は、

「休みの日にメールが1通も来ない。一応、新着の問い合わせをしてみるのだが、やはり来ていない。でも、1日5回ぐらい問い合わせてしまう。むなしいですよ」

と語ってくれました。ちょっとぐらい恥ずかしいことでも、明るく打ち明ければ、きっと相手の笑顔に結びつきます。

ぷっと笑える〝ダメな話〟

人は案外、弱くていたらないところが多いもの。そこを隠していたら、自分の気持ちを全く出せず、普通の会話すら気詰まりに感じることでしょう。

自分の気持ちを隠す人と付き合うほうも不安なものです。これではいつまでたっても、相手が心を開いてくれません。

とはいえ、いきなり「オレはみなに好かれる自信がないんだ」などと泣き崩れる

必要はありません。もっと小さいこと、たとえば、

「携帯で長文を打つと、2回に1回は完成間近で、おかしなところをさわって全てを消去してしまう」

「大人になった今でも、お化けが怖い」

このような話でけっこうです。いたらなさを話題にできるようになれば、人間としての幅が広がったような自由を手にできます。今までどうしてこんな簡単なことに気づかなかったのか、不思議に思うかもしれませんよ。

実は、自分を魅力的に見せる話題の例。

「モテない」↓「勝負パンツを買ったが、勝負の日は来ず、社内旅行ではいてしまった」

「仕事が嫌い」↓「仕事のことを考えるとお腹が痛くなる」

「お金がない」↓「この1週間ソーメンを3回食べた」

18 「ネガティブな気持ち」をためこまない

「怒り」の気持ちだって話してOK

ここまで見てきておわかりだと思いますが、「話す力」は「自分の気持ち」をキャッチする力と密接に結びついています。

実は、自分の感情から切り離されると、自分の本心すら見えなくなり、人に伝えることがなくなってしまいます。

たとえば、あなたが会社で先輩から、

「まだそんなこと覚えられないの？　いいかげんにしてよ。こんな能力のない人をいったい誰が採用したのか知りたいわ」

などと、ひどい言葉を浴びせられたとしましょう。上辺では「すみません」とあやまったとしても、心のなかはどうでしょうか。

先輩の心ない言葉に傷つき、怒りがこみあげていないでしょうか。

「怒りの気持ちはよくないもの」などと思っていると、この気持ちにフタをしてしまいます。

そして、「私ってあんまり怒らないほうなんですよ」「自分が悪いですから仕方ないです」「先輩は、私のことを思って言ってくれているんだと思います」などと、自分の気持ちをなだめようとします。

こうしてしだいに、本当の気持ちを見失っていってしまうのです。

愚痴《ぐち》はカラッと話せば問題ない

怒りの気持ちをもったら、そこから目を背けないで、素直に自分の気持ちを感じてみましょう。先輩にひどいことを言われたときも、あとで恋人や友人に、

「今日、またあの先輩、そうそう、課長とフリンしていてストレスがたまっているあの先輩からすごい嫌味を言われてね、腹が立つわ」としゃべってみましょう。「愚痴は嫌われる」と誤解している人が多いですが、カラっと話せば、ほとんどの人は笑いながら聞いてくれます。

「怒り」の気持ちは、暴力や暴言、陰湿な復讐心に発展しなければ、感じていい大切な気持ちです。くれぐれも抑圧しないでください。

このほかにも悲しみ、妬《ねた》み、優越心といった気持ちも同じです。

あなたのなかから湧き出てくる感情は、全てがあなた自身。本来のあなたです。

ムリに抑えこむとストレスになり、人と関わることに、必要以上に気疲れしてしまうでしょう。日頃から、自分の気持ちを伝える練習をしてみましょう。

怒りの気持ちを抑えこまず、カラッと打ち明ける。

19 話題が尽きたら懐に飛び込め！

仕事先ではこんなふうに話そう

「2度、3度と会ううちに話題がなくなる」という方は多いです。

この原因ははっきりしています。最初のうちは、「会社名」「自己紹介」といった肩書きに関する話や、「趣味」「旅行」「スポーツ」といった話をすれば間がもちますが、差し障りのない話題というのは、いつか尽きてしまうものです。

これを解決するためには、気持ちを語れる人に成長するしかありません。本来、私たちは会えば会うほど打ち解けて、相手に伝えてもいい領域が広がるはずです。


たとえば、訪問先のお客さまや取引先の方であっても、

「はじめてお会いしたときはお顔だけで判断して、怖い方だなと思いましたが、今では××さんの率直なお人柄のおかげで、私も本音で話せます」

「先日は××さんのおかげで目が覚めました。今後もビシビシ、ご指導をお願いいたします！」

などと、思いきって懐に飛び込んでしまえば、先方も悪い気持ちにはなりません。

一方、仕事以外の相手であれば、「仕事で失敗したことをいつ上司に言うかで悩んでいる」「帰り道に立ち寄るお店に気になる人がいる」、こんなことも話せるようになれば、話す内容はドンドン増えていくはずです。

ある生徒さんに、「デートは月に2回ぐらいがいいです。その間になんとか話題を見つけたいので」という男性がいました。こんな彼も会話力を身につけていくうちに、悩みを見事に克服。週に3回のデートを実らせて幸せな結婚を手にしました。

「話題のネタ帳」を作って、感じたことを書く練習をしよう。

20 生きた話題の見つけ方

ドラマが生まれるのはこんなとき

人の話を聞いていて本当に楽しいのは、やはりその方の実体験から出たお話です。実体験だと本人もノッて話せますし、光景がありありと伝わってきて、聞くほうもイメージしやすいのです。こうした話題を見つけるためには、なんと言っても、人との関わりをもつことが必要です。

私の生徒さんから聞いた話では、引越の挨拶に行った先で、「いまどき引越の挨拶なんかしないよ」と言われたそうです。私も東京で道を尋ねたとき、多くの人に無視されたことがあります。なんという寂しい世の中でしょうか。

人と関わるといっても、積極的に人助けをするというようなことを言っているわけではありません。知人に悩みを相談された、見知らぬ人に道を訊かれた、電車でお年寄りに席を譲ったなど、人と少しでも関わりが生まれたときは、面倒くさいからなどと逃げないで、しっかり関わりをもつことをお勧めしたいのです。

たとえばお年寄りに席を譲るとき、ただ「どうぞ」とアイコンタクトもとらずに席を立つよりも、しっかり視線を合わせて微笑み、優しく、「おかけになりませんか」と声をかけてみましょう。「けっこうですよ」と言われたら、「どちらまでですか」と尋ねて、遠そうなら「遠いですね、ぜひおかけください」と言えば、必ず座ってくれます。こんなふうに、人とちゃんと関わるとドラマがはじまります。

電車の中での微笑ましい風景

数年前のこと。いまにも倒れそうなおじいさんを、いまにも倒れそうなおばあさんが支えながら電車に乗りこんできました。

私は声をかけて座ってもらうことに。おじいさんを支えるべく手を差し出すと、勘違いしたおじいさんは「ふぁっふぁっふぁっ」と笑いながら握手をしてきました。

しばらくして、お二人が降りることに。その席にまた私が座りました。

すると、おばあさんがカバンに手を入れてなにかを探しています。そして、なにかを握り締めて手を出し、私に握らせようとします。

「もしや、お金でも渡されたら困るな」と思っていましたら、手に握らされた感触で安心しました。おばあさんは飴をひと握り私にくれて降りていきました。近くで見ていた若いお嬢さんがそれを見て「クスッ」と笑っていました。

いつまでも人との関係を避けていては、楽しい話題を身につけるのは相当むずかしいでしょう。人と関わることでいろいろな経験ができるものです。

ぜひとも、こうした素晴らしい体験を増やしていってください。

実体験に勝る面白い話はない。人と積極的に関わりをもってみよう。

3章

気持ちを尋ねるから
イメージが広がる

話が一気に
あふれ出す
「質問」のツボ！

21 この質問で「エピソード」があふれ出す

「5W1H」だけでは限界がある

相手との会話が徐々にふくらみはじめたら、積極的に質問をして、さらに話を深めてみましょう。

質問というと、まず手始めに5W1H（「いつ」「どこで」「誰と」「なにを」「どうして」）を使って、話のおおよそのイメージをつかむ方も多いでしょう。

いわゆる情報を尋ねる質問です。これは初対面の方や、まだお会いして日が浅い仕事先のお客さま、取引先の方などと、あたりさわりのない会話をするときには重宝するかもしれません。

会話がふくらむ質問のコツ

会話スタート

まずはじっくり
相手の話を聞く

↓ ……だんだん会話がはずんできたら

質問して相手について知る

慣れないうちは
5W1Hの質問でOK
（「いつ」「どこで」「誰と」
「なにを」「どうして」）

↓ ……頃合いを見て質問を変えていく

エピソードを引き出す

気持ちを尋ねてみる

ただし、５Ｗ１Ｈの質問だけでは、情報をひと通り仕入れたら、それ以上、話を広げることができなくなってしまいます。

ある研修で「話を聞く練習」にチャンレンジした男性の話をしましょう。この男性は、うちの女性トレーナーに矢継ぎ早にいくつか質問をしました。

「男性は何歳ぐらいの方が多いですか？」「みなさん、どれくらいトレーニングをされるのですか？」「はじめはどんな練習をしますか？」

最終的には、５つ目の質問で早々に息切れをしてしまい、あえなくギブアップとなりました。

このように〝情報質問〟で自分なりのイメージをつかむと、もう聞くことがなくなり話がバッタリ止まってしまうのです。

情報質問ですと、話し手の答えも短く終わりがちなので、聞き手は常に次の質問を用意しなければいけなくなります。こうして、しだいに苦しい状況に追いこまれていくのです。

エピソードが出てくる応答例

相手の気持ちを
言葉にしてみよう

ここ3ヵ月、朝6時に起きて
ジョギングしてるんです！

えっ、6時に起きてるの。
ずいぶん忍耐強いのね。

初めは眠くても、だんだん
気持ちよくなるんですよ。

こんな相づちだと会話がはずむ!

では、どうしたら、質問上手になれるのか。

ここでもアドバイスは同じです。**質問するときも、やはり「気持ち」に目を向けると、話し手の反応が全く別のものに変わります。**

もともと人は気持ちを刺激されると、とたんにイメージがふくらみ、そこから「エピソード」が噴き出てきます。ひとたびエピソードが出てきたら、もう相手の話は止まりません。放っておいても会話ははずむと相場が決まっているのです。

先ほどの男性には、こんなふうに尋ねるようにアドバイスしました。

「それは御苦労もおありでしょう」

「辛抱もいるのでしょうね」

この言葉を受けて女性トレーナーは、トレーニングの苦労や楽しさをたくさん語りはじめました。聞き手は、「はぁーっ」とか「へー」と共感するだけで話はどんどん進みますし、エピソードが豊富なので次の展開も楽になります。

質問のコツは、エピソードを引き出すことなのですね。

さらに共感力が高まってきますと、このトレーナーには「喜び」があることに気づきます。

「それはやりがいがありますね」

「男性がうまくいったときは、すごく嬉しいんじゃないですか」

こういう質問が浮かぶようになれば、もう聞き上手の領域に入ったと呼んで差し支えありません。

なお、相手の気持ちを想像しづらいという方は、5W1Hの質問をベースにして、随所に「気持ち」を織り交ぜてみましょう。相手の反応はガラリと変わるはずです。

相手の気持ちを尋ねると、どんどんエピソードが飛び出してくる。

22

「たまっている気持ち」を尋ねてあげよう

ふだんは大っぴらに言えないから

気持ちに焦点をあてて質問すると、話がはずむのがおわかりいただけたと思います。ここで、もう一つ試練があります。

それは「ネガティブな感情」についても、話が聞けるかどうかです。

会話が苦手な方は、「感情を抑圧した方」とイコールであると、すでにお話ししました。どんな感情を抑圧するかというと、怒り、悲しみ、寂しさといった「ネガティブな感情」です。

ネガティブな感情は「見てはいけない」「感じてはいけない」という思いこみが

あるわけですから、「人に尋ねるなんてもってのほか」と考えてもムリはありません。

実は、ネガティブな感情であっても、爆発するほど抑えこんでいなければ、ポジティブな感情よりも、話がはずむ大きなエネルギーをもっています。

たとえば、先ほどの女性トレーナー（92P参照）に、

「やりにくい人もいるでしょうね」

と質問すれば、必ず大きな笑顔とともに、たくさんの話が返ってくるはずです。

「見捨てたくなるときもあるでしょう」

「自分にはムリって思うこともあるのでしょうね」

こんな質問をすれば、爆笑をともなって話がはずむことでしょう。

なぜなら、ネガティブな感情は、そうそう大っぴらには口にできませんので、心のなかで行き場を失って、閉じ込められていることが多いのです。

そんな感情について質問してもらえたら、詰まっていたものを吐き出すように人

は話しはじめるものです。人は誰でも、たまっている自分の気持ちを吐き出してしまいたいものだからです。

もちろん、先の女性トレーナーが「見捨てたくなることもあるでしょう」に反応したとしても、本当に「見捨てたい」と思っているわけではありません。ときには「もうムリだ」と思うことがあっても、また気を取り直して一生懸命、生徒さんのためにトレーニングに精を出しています。

「ムッとくることもあるでしょう」は便利なフレーズ

比較的使いやすい質問は、「ムッとくることもあるでしょう」だと思います。どんな人であっても、家族、恋人、友人、上司、部下、お客さん、見知らぬ他人に、しばしばムッとしながらも、そこはグッとこらえて暮らしていますが、お腹のなかにその感情が残っているのは確かです。

「ムッとくるお客さまもいるでしょう」

「会社でムッとくることもあるでしょう」

「旦那さんがいい人とはいえ、たまにはムッとくることもあるでしょう」

会っていきなり使うと相手も面食らうでしょうが、しばらく世間話をしたあとでこの質問をすると、多くの人が信じられないぐらいの勢いで話してくれます。

実際、教室でもこの質問をすると、ほとんどの人が大きくうなずいて息を深く吸いこみます。そして準備を整えてから、たまっていたものを吐き出すように、一気にいろいろなことを楽しそうに話してくれます。

ネガティブな感情に光をあてると、人はこんなに話すのだという体験を是非してみてください。

ネガティブな気持ち、とくに「ムッとくることもあるでしょう」と問いかけられると、人は話さずにはいられない。

23 「口にしてはいけない」ことほど話したい！

「嫌になることもあるでしょう」の効果は絶大

「ネガティブな感情」を上手に尋ねると、誰もが心から笑顔になれる話題を引き出せます。

人は本来、ポジティブな気持ちもネガティブな気持ちも自然にもっているもの。「それを感じてはいけない」「表現してはいけない」と強制されるから、心が苦しくなってしまったのです。

みなが抑えつけている気持ちですから、ふと、「嫌になるときもあるでしょうね」などと問われると、

「はいはい。あります、あります」

などと人は喜んでノッてきます。

あなたも嫌になって投げ出したくなっていることはありませんか。それをたくさん見つけられたら、とたんに話し上手、聞き上手になれますよ。

仕事、家事、子育て、通勤電車、接待、上司との付き合い、彼（彼女）との付き合い、なかには家庭や人生などを挙げてくれる人もいます。

言葉にできているうちは、決して投げ出したりはしないのでご安心を。いえ、むしろ言葉にして吐き出すから、投げ出さずに頑張れるのです。

「あーあ、もう子育てなんか投げ出してしまいたい」と言えるから、気持ちを切り替えて頑張ろうという気になれます。

あるいは、**「仕事だって嫌になることもあるでしょう」**と言えば、誰もが「うん、うん」とうなずいて語りはじめます。

「家庭も投げ出せるものなら投げ出したいですね」

こんなふうに切り出すと、たいていのおじさまは大喜びでノッてきます。

「ときには、人生を投げ出したいときもありますか？」

と尋ねれば、「ある！」と多くの人が賛同するに違いありません。

ちなみに著者は、地下鉄の改札前で定期券を忘れたことに気づいたときに、人生を投げ出したくなりました。

この話題を話すときの注意点

なお、この問いかけの注意点があります。それは、職場で「仕事を投げ出したい」、あるいは奥さまの前で「家庭を投げ出したい」などと話さないことです。

当り前ですね。投げ出したい部分とは無関係の間柄で、当事者となる人がそばにいないときに使ってみましょう。

居酒屋のように職場を離れた所で、気心の知れた会社の同僚に「仕事を投げ出したいときもあるね」なら大丈夫。

職場の飲み会で上司がほろ酔いになったら、

「課長も私たちを指導するのが、嫌になることもあるでしょう」

なんて聞いてみてください。課長の知られざる一面に出会えるかもしれませんよ。

「嫌になることもあるでしょう」

「投げ出したくなることもあるでしょう」

こんなふうに問いかけると、相手はたまった気持ちを吐き出せてスッキリする。

24 「でしょうねー」と相づちを打つ

会話を次につなげる必須フレーズ

「先週、旅行に行ってきましてね」

「ほー、楽しかったですか?」

このようにストレートな質問を受けると、相手は話しづらいものです。

あなたにも、どう答えてよいのか、とまどった経験がありませんか。

こう尋ねられると話し手は「楽しかったこと」を探すのですが、答えられる範囲が限定的なため、なかなかいい話が思い浮かびません。

しかたなく、「はあ、たぶん」などという中途半端な返事しかできず、会話にブレーキがかかった状態になります。

こういうとき、会話がうまい人は相手が自由に考えられる質問をします。それが「……なんでしょうね」という漠然とした言い回しです。

この章では、すでにこの言い回しが多用されていることにお気づきでしょうか。

「楽しかったのでしょうね」と聞かれると、「楽しかった思い出」だけでなく「楽しくなかったこと」や「突然のハプニング」を答えてもよさそうな気がします。

すると、答えに制限が少ない分、人は自由に考える余裕をもらえた気分になってイメージが広がりやすいのです。

会話の切り出しでも使える

この質問は、特に「会話のスタート」で活躍します。

相手が、まだなにを話したいのか見えにくいとき、「どのように話してもらってもいいですよ」という気持ちで、この質問をしてみてください。

久しぶりに会った人には、「お忙しいですか？」より**「お忙しいのでしょうね」**、冬の寒い日に訪ねてきてくれた人には、「寒かったですか？」と言うよりも、**「寒かったでしょう」**と言ったほうが、会話がスムーズにはじまるでしょう。

神経を使いそうな仕事をしている人にも同様です。「神経を使いますか？」というよりも**「神経を使うのでしょうね」**のほうが相手は話しやすいと思います。

「聞きにくいこと」はこうして尋ねる

この言い回しは、聞きにくいことを尋ねるときにも活躍してくれます。

たとえば話しぶりから相当稼いでいそうな人に「年収はおいくらですか？」とは尋ねにくいですが、

「ずいぶん稼いでいらっしゃるのでしょうね」

と聞けば、相手の状況によっては答えてくれるかもしれません。

この問いかけには、「質問に答えていただけそうなときは答えてください」とい

相手が答えたくなる反応はどっち？

先週末、軽井沢で
ショッピングをしてきたの。
え〜、天気はよかったですか？
✕ 会話が止まる反応
楽しかったんでしょうね。
○ 会話が続く反応
「でしょーね」という
言い回しは
便利だニャー

う謙虚な姿勢がありますので、相手も答えを強制されている感じがせず、気楽に対応できるのがいいところです。

ずいぶん素敵な異性に、特定の恋人がいるのかどうか尋ねたいときも「彼氏（彼女）はいるのですか？」より**「素敵な方がいらっしゃるのでしょうね」**と遠回しに聞いたほうが、答えてもらえる可能性が高いです。

この言い回しをマスターすれば、相手をとまどわせたり、ギョッとさせたりすることが少なくなり、人間関係を進展させていく効果があります。

いきなり「……ですか？」などと畳みかけず、「……なのでしょうね」と柔らかく聞こう。

25 「相手の情報」を知りたいときは？

こんなときも「でしょうねー」は効果的

会話下手な方の質問には、相手の気持ちに配慮が足りないと感じることがあります。会ったばかりなのに、唐突に、「旅行はお好きですか？」「お酒は飲みますか？」「阪神はお好きですか？」などと、突然刃物をつきつけるかのように迫られると、相手はびっくりしてしまい口が重くなってしまいます。

返事がもし、「いえ、旅行はあまりしないのですよ」「お酒のほうはまったく」「いえ野球はちょっと」であれば、そこから会話が発展することはないでしょう。

ここでも「でしょうね」という言い回しだと、ニュアンスも柔らかで、相手との距離を遠慮がちに詰めている感じがするので、聞かれたほうも話しやすいはずです。

「女性ですと、旅行もなさるのでしょうね」

「お酒もいけそうですね」

「関西の方ですから、やはり野球は阪神なのでしょうね」

こう聞かれると、もし返事が「ＮＯ」でも、

「旅行は以前よく行っていたのですが、仲がよかった友達が結婚してしまって、それから行く回数が減りましたね」

などと追加情報を語ってもらえるようになります。

これは、話し手が聞き手の配慮を感じて会話に協力してくれた結果、起こったことなのです。相手に対する思いやりが、お互いの心を結びつけて会話が広がるということをご理解いただけたでしょうか。

会話のきっかけの質問は「…なさるのでしょうね」と柔らかく尋ねよう。

初対面の人と話すときは

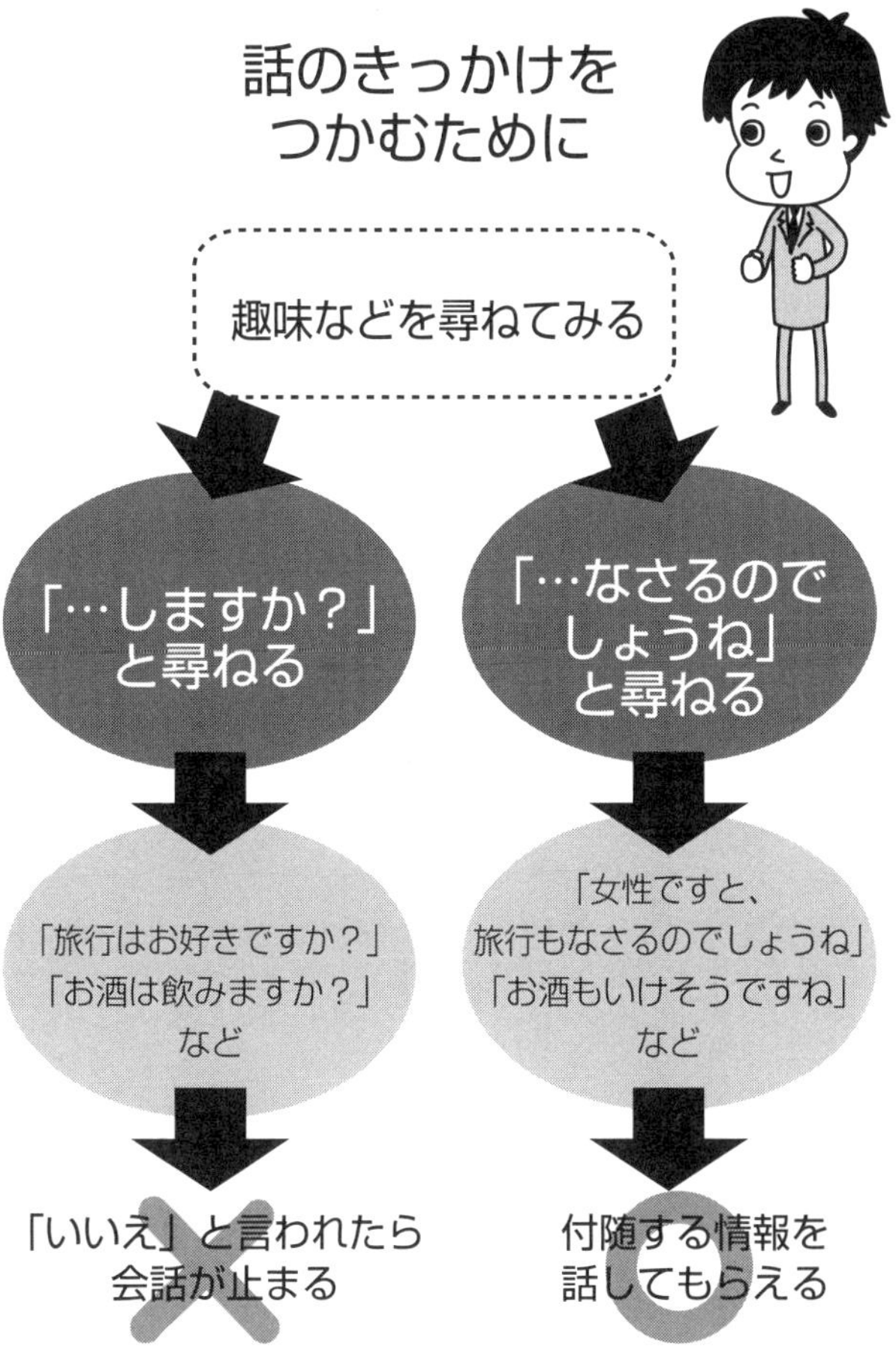
話のきっかけを
つかむために
趣味などを尋ねてみる
「…しますか？」
と尋ねる
「…なさるので
しょうね」
と尋ねる
「旅行はお好きですか？」
「お酒は飲みますか？」
など
「女性ですと、
旅行もなさるのでしょうね」
「お酒もいけそうですね」
など
「いいえ」と言われたら
会話が止まる
付随する情報を
話してもらえる

26
「気持ち」をストレートに聞いていい場面

「ビッグイベント」後はチャンス

「子供がはじめて立ち上がる瞬間を見た」「片思いの人から告白された」「ボーナスが前年の2倍になった」「ゴルフで80台を出した」「ひいきのプロ野球チームが逆転サヨナラ負けを喫した」

このように、気持ちが大きく動いた体験をした人に有効な質問があります。

それは、「……のときは、どんな気持ちなのですか?」という質問です。

相手の気持ちが大きく動いたあとですから、いったいどんなエピソードを相手がもっているのか、こちらは想像がつきません。

ですから「そのときはどんな気持ちでしたか？」と次の展開を相手にお任せしたほうが楽しい話になるでしょう。

「昨日、うちの息子がはじめて立ち上がる瞬間を見ましてね」

「うわぁ！　それは感激ですね。そのときはどんな気持ちでしたか？」

「ずっと片思いの人がいたのですが、先日その人から思いがけず告白をされまして」

「へー！　それは幸せだ。そんなときってどんな気持ちなのですか？」

「昨日、××球団が逆転サヨナラ負けした。テレビを見ていてがっくりきた」

「それは……残念でしたね。打たれた瞬間って、どんな気持ちでした？」

このように、相手の話がまさに心が動く瞬間をとらえたものなら、ストレートに

「どんな気持ちでした？」と尋ねてもいいですが、そうでない場合は、相手の気持ちが強く動くような瞬間を提示して質問するワザがいります。

たとえば、「はじめてオーストラリアの海にもぐってきたよ」という言葉を受けて「どんな気持ちでしたか？」などと尋ねては、相手も話しにくいはずです。

おそらく、「気持ちよかったよ」ぐらいの返事しかもらえないでしょう。

そこで、**「飛行機がオーストラリアの空港に降りる瞬間というのは、どんな気持ちなんですか？」「もぐる直前、波打ち際ではどんな気持ちでしたか？」**

このように〝一瞬のとき〟を持ち出して質問してみましょう。会話の腕が相当上がった感じがしますよ。

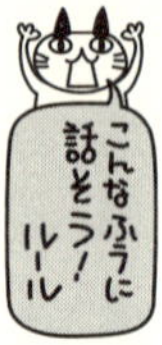

相手の気持ちが大きく動いた話なら、すかさず「そのときはどんな気持ちでしたか？」と聞いてみよう。

27 「趣味の話」のツボの押し方

相手を主人公にしてあげよう

女性「休みの日は洋服やアクセサリーをよく見て歩いてます」
男性「ああ、原宿にもH&Mやフォーエバー21ができましたね。あそこにはもう行ってみましたか？」
女性「はい、一度だけ。でも人が多くてゆっくりはできませんでした」

こういう会話をする人は、会話下手といったら驚く方も多いでしょう。
会話では、相手が持ち出した話題について、自分も話すものと決めつけていると、こういう失敗をしてしまいます。

この展開から楽しい会話にもちこむのは、なかなかむずかしいですね。

なぜかというと、女性は「洋服やアクセサリーを見て歩くのが好き」と言っているのに、男性は「原宿のH&Mやフォーエバー21」を主人公にして会話をはじめたからです。

ファッションが好きならファッションの話をすればいいのだろうと安易に思ったのが間違いのもとでした。

喜ぶポイントはココ！

会話は、常に相手を主人公に祭り上げながら展開していくと、誰でも楽しくなっていろいろなことを話してくれるようになります。

「洋服やアクセサリーを見て歩くのが好き」な女性には、その女性が主人公となる質問をしてみましょう。加えて、女性の気持ちに焦点があたりますと、もう話のツボを押したようなものです。

「洋服やアクセサリーを見て歩くのって、楽しいのでしょうね」
「洋服やアクセサリーを見ているときって、どんなことを考えているのですか？」
「女性のショッピングに男は邪魔なのでしょうね」

自分が主人公だとイメージもわきやすく、話したいことが次々に出てきます。

この他にも、「野球を見るのが好き」という人には、「好きな球団が今何位にいる」「イチローの打率がいくつだ」という話は早々に切り上げましょう。

「ひいきチームが勝ったときの幸せ感」
「思わずしていること（スポーツニュースのはしご、スポーツ新聞を駅で買う等）」
などについて尋ねてみましょう。

びっくりするような話が聞けるかもしれません。

「株をしている」という人には、「現在の平均株価」なんてつまらない話より、「株が上がったとき、下がったときの気持ちと暮らしの変化（たとえば、株価が上がると気が大きくなって金遣いが荒くなるなど）」

こんなことについて質問してみましょう。

株をしない人も、なんだか株取引をしている感覚を味わえてワクワクしますよ。

相手を主人公にして質問できるようになると、会話がはずむばかりか、相手のほうもあなたに親しみを感じたり、もっと一緒に話したいと思ってくれます。

相手が持ち出してきた話題について「あなたは……ですか？」と質問して、話の主人公にしてあげよう。

28
「どうでした？」とは尋ねない

漠然としていて答えづらい

気心の知れた人と話すときでも、会話の糸がいきなりプツンと切れてしまうことがあります。一例を挙げてみましょう。

「最近、話題のフレンチのお店に行ってきました」

「へー、どうでしたか？」

「まあまあでした」

いかがですか。こんなふうに話が続かず、苦い思いをされた方はいませんか。

なぜ話がはずまないかといいますと、「どうでしたか？」という質問を受けた話し手に、イメージが全く浮かばないからだろうと思います。

また、「私にはいい質問が浮かびませんので、あなたが上手に話してください」というニュアンスがあり、相手が話しにくくなるのかもしれません。

会話というのは、お互いがお互いのイメージを刺激するような質問や自己開示を繰り返しながら広がっていくものです。

では、冒頭の会話では、どのように質問すればよかったのでしょうか。

ここまで読み進めてきた方には、複数の会話ツールが手に入ったはずです。

・共感の質問
・気持ちにアプローチする質問
・相手を主人公にする質問
・適度な沈黙

これらを使って、話し手のイメージを刺激する質問を考えてみましょう。

「リッチな気分になれたのでしょうね」

「メニューの金額を見たときはどんな気持ちでしたか？」

「一番楽しみにしていたのはなんですか？」

こんなふうに、相手の気持ちにアプローチする質問でもいいでしょう。

あるいは、**「むずかしいマナーなどもあるのでしょうね」**と尋ねれば、知らない話が聞けるかもしれません。話し手のイメージをふくらませる意識をもてば、会話がさらにふくらんでいきます。

聞きにくいことを上手に尋ねる

ビジネスの場面や聞きにくい質問のときは、こんな問いかけ方があります。

たとえば、取引先が新商品を出したあとで売れ行きを知りたいときに、「あの商品はどうですか？」とは尋ねにくいものです。そういうときは、

「あの商品はもう発売されたのですね」

と控えめに切り出します。もし先方が話題にしたくないときは「ええ、まあ」と

言葉を濁すでしょう。「どうですか?」とストレートに尋ねるよりも、相手の気持ちを考えた切り出し方だと思います。

上司の子供が受験をしたあとなら、「受験どうでした?」より**「受験もようやく終わったのですね」**なら、上司も話しやすいことでしょう。

私も「本の売れ行きはどうですか?」と聞かれるよりも、**「本はもう出版されたのですね」**と遠慮がちに問われたほうが話す気分になります。

著者は本が売れているかどうかなど、なかなかわからない立場ですからね。

みなさんも、この問いかけをぜひ使ってみてください。

話し手のイメージをふくらませる尋ね方をしよう。「先日、スーパー銭湯に行ってきました」と言われたときの質問例は次の通り。

「スーパー銭湯に行くと、いい気分になれるのでしょうね」「一番の楽しみはなんですか?」「最近はいろいろなサービスがあるのでしょうね」

29 コレなら「知らない話題」でも盛り上がれる

質問はいたってシンプル

会話で一番とまどうのは、「知らない話題になったとき」と答える方が多いようです。**でも、知らない話題だとうまく話せないというのは、会話についてある誤解をしているからです。**

その誤解とは、自分も同じぐらいの知識を話さないといけない、というものです。

たとえば、相手に「カメラをはじめたんです」と言われたら、あなたはどんな会話をしますか。相手が「カメラ」について話したのだから、自分もカメラについて知っていることを話さないといけないと思っていませんか。

しかし、このとき話し手は「自分のカメラの話を聞いてほしい」、言い方を変えると、「自分にカメラの話をさせてほしい」という望みをもっています。

ですから、「私、カメラをはじめたのですよ」と言われたら、

「おっ！　カメラですか」

こんなふうに共感して、しばし沈黙、「それで、それで」という気持ちで待てばいいのです。

知らない話題に出会ったときは、相手の言葉を「オウム返し」にしてみる。もちろん、自分の気持ちを言葉のトーンにのせることも忘れずに。

これまで説明してきた聞く姿勢をもてばいいわけです。

もしも、相手があまり話し出さないようであれば、あなたから質問してみましょう。

まずは「きっかけは？」「いつから？」「カメラっていくらぐらい？」などの5W1Hで尋ねて、そのあとは「気持ちに焦点をあてる」と「相手を主人公にする」

どんな話題でも使えるフレーズ

相手に話しかけられた

↓

「最近、株をはじめてね……」「ヨガ教室に通いはじめたの」

「最近、料理に凝りはじめてね……」

まずは共感する

↓

「えっ、○○ですか」

気持ちに焦点をあてる

↓

「○○をはじめたら、時間を忘れそうですね」

「○○を趣味にするのは、どんな方が多いのですか？」

「○○を趣味にしてよかったと思うのはどんなとき？」

という質問のワザを使いましょう。

「自分のカメラって愛おしいのでしょうね」

「カメラを趣味にする方って、どんな人が多いのですか？」

「カメラを趣味にしてよかったと思うのはどんなとき？」

このように尋ねれば、こちらが知識をもっていなくても、質問次第で、いくらでも会話は広がっていくものです。

「話題は相手の中にあり」を意識して、それを聞かせてもらうような気持ちでいれば、知らない話も楽しく聞けるようになるでしょう。

一度聞いた話は「自分の話題」としてストックされるので、会話の幅がドンドン広がっていき、知らない話題に出会っても怖くなくなるはずです。

知らない話題のときは、聞き役に徹しよう。

30 プライバシーは、どこまで尋ねても大丈夫？

相手から話してきた分には問題ない

「相手のプライバシーについて、どこまで尋ねてもいいのだろう？」

あなたは、こんなとまどいを感じたことはありませんか。

この20年ほどの間に、プライバシー保護への意識が高まり、自分の話を他人にあまり言いたくないという風潮が強まっています。よほど親しい間柄にならない限り、プライバシーに触れる話はなかなかしないものです。

でも、親しくなると相手のほうから、プライバシーにからむ事柄をポロリと話してくることがあります。

こんなときは、こちらに心を開いている証拠ですから、積極的に質問してもかまいません。たとえば、

「私、この間、お見合いパーティーに行ってきましてね」

と言われたら、「お見合いパーティー」や「結婚願望」について聞いてあげたほうがいいでしょう。

相手はそこを尋ねてほしいので、あえて話題にしているからです。

「結婚」や「パーティー」というのは極秘中の極秘事項のはずだから、くわしく聞くのは失礼だと躊躇する必要はありません。

相手がせっかくプライバシーを公開してくれているのですから、その人と仲良くなれるチャンスだと思って話を聞いてあげましょう。

「……って聞いてもかまいませんか?」で反応を探る

最後のアドバイスは、人物によって見分ける方法です。

一般的に表情豊かで楽しい人は、秘密の部分が少ないものです。こんな人は聞かれなくてもプライバシーをジャンジャン公開してくれますね。

反対に、無表情で無口な人は立ち入られたくない範囲が広いと思っていて間違いないでしょう。しかし、これはあくまでも一般論です。

「付き合っている人がいるかどうか（結婚しているかどうか）」「年齢は」「どんなところに住んでいるのか」「仕事はなにか」「学歴は」など、どうしてもそこを尋ねなければ話も進まず、親しくなれないと感じるときがあるでしょう。

こんなとき、次のような尋ね方をすれば人間関係をそこなわずにすみます。

それは「……って聞いてもかまいませんか？」です。

「結婚しているかどうか聞いてもかまいませんか？（聞いてもいいですか？）」
「お仕事のことは聞いてもいいですか？」
「お歳を聞いてもいいですか？」

これで話を濁されたら、「聞いてはいけない」というサインです。

あなたが心配しているより、人ははるかにおおらかなものです。

私の教室のレッスンでも「結婚されているかどうか、聞いてもいいですか?」と質問すると、「はい、結婚していました」と答えて爆笑をとる人もいます。

どうぞ、ご自身でもあまりプライバシーの範囲を広げないようにしてください。

オープンな人の周りにはオープンな人が集まり、閉じた心をもつ人には同じような人たちが集まります。どちらが楽しくて幸せな人生か想像がつくでしょう。

さあ、失敗を恐れずに積極的に人と関わりましょう。「人生って楽しい」って実感できますよ。

「……について聞いてもいいですか?」という言い回しだと、相手も答え方を選べるので親切。

4章

「困った場面」のひと工夫

どんな場面でも切り抜けられる「受け答え」の技術

31 「天気の話」をひとひねりする

共通の話題なので相手もノッてくる

話し方やお見合いのマニュアル本などには、「会話のコツは、まず共通の話題を見つけること」などと書いてあるケースが多いようです。

ひと昔前はともかく、いまや趣味は数限りなくあり、人の交流も全国的な規模で行われていて、出身地や出身校が同じ人と出会う確率は極端に減っています。

とにかく共通点を見つけようとして、「血液型は？」「星座は？」などと尋ねると、早く関係を縮めたいという思惑が見え見えで、相手も話しづらくなってしまうでしょう。

そんなにムリをしなくても、簡単に共通の話題が見つかって、誰とでも楽しく会話ができる方法があります。

その話題の一つが、「天気」と「カレンダー」です。

これなら、どんな場面でも、相手が誰であっても気兼ねせずに話せます。

「今日はいいお天気ですね」

「午後から雨らしいですね」

「今年も早いもので、あと1カ月足らずですね」

と言えば、誰もが話にノッてきてくれるでしょう。

問題はこのあとです。相手が「ああそうですね」「そうみたいですね」と答えたきり黙ってしまい、そのあとが続かないことがあります。

このため、「今日はいいお天気ですね」という切り出し方はしない、という方もいるようですが、話題の広げ方次第で、けっこう話が続く会話術があるのです。

プライベートな話を短くからめる

「今日は午後から雨のようですね」

「あ、そうみたいですね」

このあと、会話を続けるための、とっておきの話術をお教えしましょう。

秘訣は2章でお伝えした〝気持ちのちょっぴりオープン会話〟です。自分から切り出した「午後から雨のようですね」にちなんだ自分の話を〝短く〟します。

「持っているカッターシャツが少なくて、洗濯ものが乾かないと困るのですよ」

こう言うと、「私はあなたといろいろお話をしたいです」という思いを伝えることにもなって、相手も話しやすくなります。

それに、あなたが持ち出した、「持っているカッターシャツが少ない」「洗濯ものが乾かない」という2つの題材を使えば、相手も話の材料が増えるため、話しやすくなるのがわかるでしょう。これで相手から、

会話がとぎれたときのつなげ方

今日は午後から雨みたいですね

え、そうなんですか。

自分の話を短く話す

「傘を忘れちゃって……、
傘を買うのがちょっと悔しいです」

「いきなり雨が降ってくると、
スーパーで特売品が出そうで嬉しいですね」

「まだ会社に入ったばかりだから、着るものにどうしても不自由しますね」
「うちの部屋も、いま洗濯ものでいっぱいですよ。困りますね、雨が多いと」
などと話してくれるでしょう。

なかには、「持っているカッターシャツが少ないなどと言ったら、どんなふうに思われるかわからなくて不安」を感じる方もいるかもしれません。

でも、そこまで心配する必要はありません。**他人は自分に迷惑のかからないことであれば、いたって大らかなものです。むしろ、気持ちをさらけ出してくれたことに好感をもってくれるでしょう。**「話すことがない」と恐い顔をしている人より、ずっとずっと好かれるはずです。

天気の話のあとで、「買ったばかりの靴（バッグ）が濡れると困ります」。
曜日の話のあとで「今週は忙しくて、お昼ご飯を食べた記憶がありません」
などと、自分の話を混ぜてみよう。

32 息を合わせる「間」をつくる

相手の出方を待ってみよう

共通の話題を投げかけたあと、自分をちょっとだけオープンにした話を〝短く〟することをお伝えしました。**短く話す理由は、相手の反応を見るためです。**

「持っているカッターシャツが少なくて、洗濯ものが乾かないと困るのです」

たとえば、こんな話題を提供したら、自分の話をいったん終えて、相手がノッてくるのかこないのかを待ってみましょう。

相手と息を合わせる時間をもつわけです。

もし、あなたがここでドンドン話を進めてしまったら、相手はただ黙って話が終

わるのを待つしかありません。

そうしたらあなたの話が終わったときが、２人の会話の終わるとき。

相手は配慮のなさを感じますし、次々に展開する話題のどこに食いつけばいいのかわからなくなって、会話を続ける意欲をなくしてしまうのです。

一方、相手の出方を待つ時間をとれば、

「わぁ、カッターシャツがなくなったらどうしているのですか？」「私も会社に入ったばかりのときは、ブラウス３枚でやりくりしたものですよ」

こんなふうに、自分の話をしてくれるかもしれません。**質問する立場と話をする立場を入れ換えながら会話を続けると、お互いの気持ちが次第に近づいていきます。**

「互いの息を合わせる」という間をつくって、相手にも考える時間を与えましょう。

自分の話を短くしたら、相手の言葉を待ってみよう。

33 相手が突っ込みやすいように話そう

相手が黙りこんだときの気遣い

相手も会話が苦手なようで、「そうですか……」と言ったきり、なにも言おうとしないときは、〝ちょっぴりオープン会話〟の続きをまた短くします。

「今日は午後から雨のようですね」

「あ、そうみたいですね」

「持っているカッターシャツが少なくて、洗濯ものが乾かないと困ります」

「そうですか……」

「月曜から金曜までもつように、５枚は持っておいたほうがいいですね」

「わぁ、それもないのですか」

「そうなんです。ですから雨が続いたり、残業で帰れないときが多いと焦りますね」

これだけ話題を提供していますから、相手も話す題材には困らないでしょう。質問項目を考えたり、自分の話をしやすくなっているはずです。

それでも沈黙していたら、こんな質問を

それでも相手が話してくれない場合はどうしたらいいのか。そこで会話を打ち切ってもいいですが、あと一つだけ方法が残っています。

それは、話題に沿ってあなたのほうから質問をするという方法です。

「……ですから雨が続いたり、残業で帰れないときが多いと焦りますね」

「へー……」

「○○さんはお洒落だから、雨がちょっと続いたからといって、着ていく服がなくなるということはないでしょうね」

どんな人でも、自分について質問されると、話をするのはそうむずかしくないようで、ここでようやく、みなさん会話に参加してきます。それでも会話にノッてこなければ、相手は本当にひどい口下手なのか、または自分自身に、なにか問題があったのではないかと振り返ってみる必要があるでしょう。

たとえば、言葉ばかりに意識がいってしまい、肝心の気持ちがこもっていなかった、沈黙がなくアイコンタクトも雑だった、こうした態度が相手に不安感を与えたのかもしれません。

「ゆっくりどうぞ」「待ちますよ」「一緒に話しましょう」という気持ちが伝わらず、むしろ焦りを感じている自分の気持ちが、相手に伝わったのかもしれません。

沈黙を恐れるあまり、表情がこわばっていなかったか、答えをせっつくような態度をとっていなかったかなど、いくつかの点を振り返って、一つずつ改善していきましょう。

会話をつなげるコツをつかむまでは、身近な人で練習しながら徐々にレベルアップしていきましょう。成功体験を積んだのち、ちょっとむずかしそうな人にチャレンジしてみてはいかがでしょうか。

「自己開示」したあとで「質問」する具体例。

「最近、外食する機会が減りました」↓「残業代がカットされちゃって、家で缶ビールを飲んで楽しんでます」↓「〇〇さんはお酒が強そうに見えますが、平日家で召し上がりますか？」

「休日、ジムに通い始めました」↓「公共施設のジムは2時間で500円、お得なんですよ」↓「○○さんは、スポーツマンタイプだから、なにか運動をしていらっしゃるのでしょうね」

「休日、家にいることが多いんです」↓「DVDレンタルが半額の日に当たっていると、ついまとめて借りてしまいます」↓「○○さんはアウトドア派だから、家に閉じこもっているなんてことはないのでしょうね」

「やっぱりスポーツ観賞は楽しいですね」↓「実際に観戦すると、こちらも燃えてきます」↓「○○さんは野球がお好きそうですが、実際に観戦に行かれるのですか?」

34 「次の言葉が出てこない」ときの対処法

「はい」の後に、情報を付け加える

「会社から家までは遠いの？」「はい……」

相手の問いかけに気の利いた受け答えをしないといけない、という思いが強すぎると、かえって緊張してしまい、次の言葉が出てこなくなる……。

あなたは、このパターンに陥っていませんか。

誰かの問いかけに対する返事にも、〝ちょっぴりオープン会話〟は重宝します。「はい」の返事に少しだけ、「自分の話」を付け加えてみてください。

「はい、だいたい1時間半ぐらいです。冬は出勤のために家を出るときはまだ真っ

暗やみですね」

「はい、だいたい50分ぐらいです。あと10分早く家を出れば、もっと電車がすいていると思うのですが、なかなか起きられなくて」

こんなふうに自分の情報を加えることで、相手に対して「あなたとコミュニケーションをする気持ちがありますよ」「あなたを大切に思っていますよ」という意思表示をしたことになります。相手にしてみれば、話題を広げる材料をもらえるわけですから、会話を続けやすくなるでしょう。

ここでも、自分の話は短く切り上げて、相手の出方を見るのが鉄則です。

もちろん相手との息を合わせることも忘れずに。会話はお互いの好意と話題を提供する協力があってはじめて、前進していきます。

答えが思い浮かばないときは、自分の情報を短く付け加えてみる。

35
「ねぎらい」の言葉でいい雰囲気に！

絶好の場面はこんなとき

最近は、ねぎらいの言葉をかける方が少ないように感じます。

ねぎらいは、相手の「苦労」「難儀」「困っていること」などに目を向け、それをいたわることです。

たとえば、雨の日に待ち合わせをしたら、「濡れたでしょう」「服やカバンは大丈夫でしたか」などとひと言そえると、相手は気持ちがとても和らぎ、あなたのことを「話しやすい人だな」と感じるでしょう。

人をねぎらえるようになると相手もホッとしますから、お互いによい雰囲気で会話をはじめられます。

このほか、「夏の暑い日」「寒さの厳しい冬の日」「風が強い日」「遠いところ足を運んでもらったとき」なども、相手をいたわる絶好の場面になります。

「こんにちは」のあとにすかさず、「今日は暑かったでしょう」とねぎらえば、相手も「本当にすごい暑さですね」と必ず返事をしてくれるはずです。

そこから会話が自然とはじまり、気づいたら仲良くなっていたという経験のある方も多いでしょう。

ねぎらいの言葉は、あくまでも「……だったでしょう」と相手に向けて使ってください。「暑いですね」ではねぎらいにはなりません。

職場で重宝するフレーズとは？

これは上司にも使えるコミュニケーション術です。

たとえば飲み会などの打ち解けた場所で、

「課長も私たちにストレスをお感じになることもおありでしょう」
「私たちヒラよりも課長のほうがご苦労が多いでしょう」

などと言えば、そこから笑いがおきて、思わぬ本音が飛び出してくるかもしれません。

最近は、なにかとストレスを感じることが多いもの。悩みを抱えているのは上司だけではありません。ときには部下や後輩に**「不満もあるだろうな」「会社に入って、思っていたのと違うなんてこともあるだろう」**とねぎらえば、「私のことをわかってくれているのだ」と感じて、不満やストレスが軽減するかもしれません。

ねぎらいのあるところにコミュニケーションが生まれ、癒しや安らぎとなって、明るい雰囲気づくりにつながります。ぜひ、身につけてください。

会話をはじめるときに「暑かったでしょう」「ここまで遠かったでしょう」「お時間がかかったでしょう」などと、相手をねぎらってみよう。

36 上司と自然に打ち解ける方法

挨拶の後に、このひと言!

「始業前のわずかな時間に、上司とコミュニケーションをとってみたいとは思うが、結局、話が続かないと思ってやめてしまう」

こんなとまどいの声をときどき伺います。ここまで読み進められたみなさんであれば、会話を続けるコツを十分に知っていますから、躊躇《ちゅうちょ》する必要はありません。

朝、「おはようございます」と上司に挨拶し、「今日は朝、ずいぶん暖かかったですね」などと、天気の話で会話をスタートさせてみましょう。

すると上司も、「おう、そうだな」と答えてくれるはずです。そのとき、

「昨日は布団を跳ね飛ばして寝ていました」

「長袖を着ていると、汗が出てきます」

「女の人のなかには半袖の人もいましたよ」

などと、ちょっとだけオープンな話を投げかけて上司の様子を見てみましょう。


「おお、俺もだ」「女性はいいなあ。これからスーツは辛いよな」

なんていう話になるかもしれません。その返答に大げさなぐらい反応して、上司の話の続きを待ってみます。

くれぐれも「なにか話さなければ」などと焦った顔を見せないことです。

コミュニケーションをとってみると、上司の意外と可愛い一面にふれることもできますし、困ったときや助けが必要なとき「お願いがあります」と援助を求めやすくなります。明日の朝は、上司に話しかける日にしてみませんか。

天気の話題に〝ちょっぴりオープンな情報〟をからめてみよう。

37 話しにくい人には、「ヒット・アンド・アウエー」話法で

少しずつ距離を縮めていく

誰にでも話しにくい人がいるものです。

それが職場の人であったりすると、毎日のことだけにストレスを感じます。少々、勇気がいるものですが、一度チャレンジしてみましょう。

話してみたら、実は気さくな人だった、という発見もありえます。

いままで会話らしきものを交わさなかった人に話しかけるのですから、「きっかけの言葉」は自然なもののほうがいいでしょう。

たとえば、「迫ってくる台風」「突然の寒波」「厳しい暑さ」などの自然条件の急

変があったときや、相手の変化（髪型を大きく変えた、服装が突然変わった等）を見つけたとき、社会的な大問題が起こったときなどはチャンスですから、ぜひ話しかけてみましょう。


「今日の暑さは信じられないぐらいですね」

「ああ」

「離れたところにいる人が、かげろうでゆらゆらしていました」

「はあ」

「うちは三階建てマンションの３階です。真夏は屋根が焼かれて地獄みたいですよ」

「ふーん、そうですか」


「話しかけにくい人」というのは、「自分に反応がよくない人」とイコールです。このケースのように反応があまり返ってこなければ、それ以上、会話を続けよう

と頑張らないことをお勧めします。「少し会話ができたらそれでよし」と考えて、「そうなのです。では」と微笑を送って早々に切り上げます。相手も少しの会話なら苦になりません。

こういう会話を、日をおいて少しずつ交わして距離を詰めます。まるでボクシングの打って下がっての「ヒット・アンド・アウエー」のようです。

そのうち、相手が少しでもオープンになってくれたら、「自分に対して心を開いてくれた」と思って間違いありません。こちらも、少しオーバーめに反応しましょう。

今後は、相手のほうから話しかけてくれるようになるかもしれません。そうなったら、お互いの距離がより縮んで、一歩近づいたと考えていいでしょう。

少しでも会話が続いたら、深追いせずに切り上げて、少しずつ距離を縮めていこう。

38 「お客さま」「取引先」とのトーク例

会話の切り出しとつなげ方のコツ

仕事先のお客さまや取引先の方と会話をするときも、「話題選び」から〝ちょっぴりオープン会話〟にいたるまで、どれも基本は同じです。

コツは天気の話から切り出して、自社や自分の事情などを少しだけオープンに話していくといいでしょう。

「こんにちは、いつもお世話になっております」

「はい、こんにちは」

「とうとう夏になりましたね」

「ああ、そうですね」

「うちの会社はクーラーの温度が28℃に設定してあるので、ものすごく暑いんです。営業なんか会社にいるな、って言われているみたいです」

「28℃！　それは厳しいですね」

「だから家に帰ったら、クーラーは18℃にしています」

「そりゃ寒いでしょう」

「だから体はガタガタですよ。ハハハ。で、今日はですね……」


ビジネスだから、軽い会話をしてはいけないと考える必要はありません。もちろん、下ネタや下品な話はタブーですが、自分をちょっとオープンにした会話は、ビジネスの場でも同じように使えます。

ビジネスの相手も人間。先ほどの会話のように、あなたがちょっとずつ気持ちを

打ち明けるうちに、相手も徐々にそれに応えて、自分の気持ちを話してくれるようになるはずです。いずれ、ビジネスライクな関係を超えた、親しい関係を築くことができるでしょう。そうなれば多少のムリを聞いてくれるようになるものです。

私の会社に見える宅配会社の女性は笑顔がすばらしく、コミュニケーションが巧みです。

「じゃがいもは置いておくと芽が出るのですね。昨日まで知りませんでした。見た瞬間、悲鳴をあげました」

などと言いながら、配送のついでに、この宅配会社が扱っている季節の商品（このときはじゃがいも、あとは、とうもろこし、ラーメン、アスパラ等）を私にきちんと売って帰ります。コミュニケーションの力は本当に頼りになりますね。

自社のちょっとしたこぼれ話や、自分の仕事ぶりなどをちょっとだけ話してみよう。

39 沈黙が訪れたら「過去の話」にさかのぼる

別のエピソードが出てくるもの

「話に詰まるのが怖くて、人に話しかけるのをためらうことがよくあります」

こんなふうに感じている方は少なくないようです。

そこで、話に詰まったときの対処法をお伝えしておきましょう。

会話の途中で気まずい沈黙が訪れたとしましょう。

こんなときは落ち着いて、「なにか話すことはありますか？」という気持ちで相手を穏やかに見てください。リラックスした状態からしか、楽しい会話は生まれません。

むやみに自分を責めないことです。あなたがうつむいたり、表情が険しくなったりすると、相手は自分が責められているような気分になってしまいます。相手にしてみれば、むしろそれが辛いのです。

では、しばらく時間をおいても相手が話をしないときはどうすればいいのか。これでもまだ大丈夫。とっておきの会話の広げ方があるからです。

「私は学生のころテニスをしていまして、そこで今の家内と知り合ったのですよ。……当時はまだ私も若くて……いまはテニスどころか10メートル走るのもムリなんですけどね」

「へえ、そうですか……」

さあ、話に詰まりました。あの嫌な一瞬が訪れます。

こんなときは、ちょっと前の会話にさかのぼって質問内容を探してみましょう。

新しい話題を見つけるのは大きなエネルギーを必要としますが、これならさほどむずかしくはないはずです。相手は自分がした話ですから全て覚えています。過去のどこにさかのぼっても大丈夫です。

とくに印象に残っている題材を引っ張り出してみます。

「そうですか、奥さまとはテニスで結ばれた仲でしたか」

「そういえば、学生時代はテニスをなさっていたのですか」

こんな感じで十分です。そこからまた新しい話が生まれて、さっきとはちがう展開が訪れるでしょう。同じ話であっても、また別のエピソードが埋もれているものです。それを掘り起こす感覚で話をしてみましょう。

会話のなかで、とりわけ印象的だと思う箇所を取り上げ、「……だったのですね」と言ってみる。

40 「話題が尽きた」ときのこの一手！

モノ、情景などをネタにする

どうしても話す材料がなくなったときは、自分の頭のなかを探すより、目に見えるものからヒントを得ましょう。

イチオシは、相手の持ち物です。ファッションや装飾品はもとより、カバンから見えるパンフレット、手に貼った絆創膏《ばんそうこう》、携帯電話など、なんでも話題にしてみましょう。

「おっ、旅行のパンフレットですね」と言うだけで、相手もなにか話してくれるでしょう。**「その手はどうしたのですか？」**という単純な質問から思ってもみない話に発展することも。**「携帯電話は××社ですか」**と言うだけで、家族の話につながっていくかもしれません。

電車のなかで沈黙が訪れたら、週刊誌のつり広告を見てみましょう。

「タレントの××さんは、奥さんと危ないのですね」でもいいですし、**「ボーナスが大幅ダウンって書いてありますが、一流企業はそれでも100万円も出るのですね。どこが危ないいんだか」**でもいいです。

そこから、いくらでも話が生まれることでしょう。

地上を走る電車なら、外の風景にもいい話題があります。

「夕暮れになるのが遅くなりましたね」などの季節の話題。**「新しいマンションがどんどん建っていますね」**という街のトピックス。

「空模様があやしいですね」といった天気の話題など、少し目を凝らせば話題になりそうなものがたくさんあります。

レストランなら、お客さんや店員さんを話題にしてもいいです。

「仲のいいご夫婦がいますよ」でも**「可愛い赤ちゃんがいます」**でもＯＫ。

ちょっと下世話ですが、**「あのカップル、男の方がソファー席に座っていますね。あれじゃ女性からフラれるでしょう」**などと鋭い観察力を発揮したものもいいですね。もちろん小声でお願いします。

「あの店員さんの動きはキビキビしていますね。女性ですが店長さんでしょうか」という話題には仕事に力を入れている人なら、必ず食いついてくるでしょう。

観察力を使って周囲を見渡せば、嫌な雰囲気から脱出できるヒントがあふれていることに気づくはずです。

話に詰まったら、外の風景や人物などに目をやると、話の糸口がドンドン見つかる。

5章

「ゼスチャー&声かけ」
ココだけレッスン

気軽に話せる
「関係づくり」のコツ

41 出会って10秒以内で決めよう

自分から挨拶するのが基本！

これまで、会話を続ける基本的な方法について説明してきました。**本章では、さらに一歩踏み込んで、どんな人とも会話ができる方法を紹介していきます。**

ふだん、あなたは話しにくい人はなるべく避けて、話しやすい人と会話をする傾向はありませんか。職場ではこれが通用しても、お客さまや取引先、あるいは会合、パーティーなどで会う人たちは、選べないことのほうが多いもの。

できるだけ早いうちに、どんな人とも会話ができるようにしておきましょう。

この力を身につけておくと、一対一の会話はもちろん、複数の人と会話をする場

自分から挨拶しよう

挨拶する
メリットはさまざまある

- ☑第一印象がよくなる
- ☑相手の警戒心がとける
- ☑会話をスムーズにはじめられる
- ☑親近感をもってもらえる
- ☑会話をしやすい関係を築ける

面でも、人見知りせずに、自然体で会話を楽しめるようになるはずです。

早速、レッスンをはじめましょう。どんな人とも、良好な関係を築くための第一歩。それは相手によい印象を与えることです。当たり前の話ですね。

では、どうしたら好印象を与えられるのか——その答えは「挨拶」です。

第一印象は、出会ってわずか10数秒で決まるといわれています。人に会ったら、まず自分から挨拶しましょう。「はじめまして」「宜しくお願いします」、こんなひと言の挨拶でも、相手は「しっかりしてるな」「いい人かも」こんな印象をもつものです。

初対面で「話しにくそうな人」「ツンとした人」「むずかしそうな人」などといったレッテルを貼られたらたまりません。まずは、自分から積極的に挨拶して、話をしやすい雰囲気づくりをしましょう。

自分から気持ちよく挨拶して、よい印象を与えよう。

42 アイコンタクトで武装解除！

自然と微笑みが浮かんでくる

はじめて会う人たちの輪に入っていくとき、とにかく実行してほしいのは、挨拶に加えてアイコンタクトを送ることです。視線を送ると、「あなたにメッセージがありますよ」という強いサインになるからです。

初対面のみなさんに、それぞれゆっくり、穏やかにアイコンタクトをとり、微笑んでお辞儀をすれば、「感じのいい人が入ってきた」という印象をもつでしょう。第一印象がいいと、相手も話しかけてみようという気になります。

私の教室に来た〝超〟人見知りのある男性は、ブスッとした表情で私と目を合わせてくれませんでした。彼自身、「人となかなかいい関係を築けない」とこぼしていました。こんな方でも、きちんとアイコンタクトをとる習慣をつけると、印象が「怖い」から「可愛らしい」に変わるから不思議です。

目と目が合って気持ちが通じれば自然と笑みもこぼれ、和やかな気持ちになれて互いの関係もアッという間に近づくというもの。

さあ、あなたも柔らかなアイコンタクトの持ち主になってください。

たいていの人は優しい視線を送る相手を拒否できません。少しぐらい拒絶的な態度をとる人であっても、視線を送り続ければ、無視し続けることはできないはず。目と目が合ったら、できれば微笑んでゆっくり会釈をしてみましょう。

ここまでくれば、2人はもう知った仲です。話しやすいムードが自然と生まれて、話すきっかけをつかめるはずです。

相手が目を合わせてくれるまで、アイコンタクトを送ってみよう。

43 苦手なタイプと良好な関係を築く方法

コレで意外といい返事がもらえる!?

人が何人か集まれば、苦手なタイプがいてもおかしくはありません。

あなたは気が合いそうにない人に、どんな挨拶をしていますか。教室の生徒さんに尋ねると、「その人に挨拶しなくてすむように遠回りをして、自分のデスクに向かう」という答えがけっこうありました。

しかし、この行動は相手も気づいているはず。「私を嫌っているな」と思われてもしかたありません。これではお互いの関係に決定的なヒビが入るでしょう。

こんなふうに意識的に相手を避けたり、疎遠にしたりすることで、両者の関係はドンドン悪化していくことでしょう。

毎日、どうしても顔を合わせなくてはならない相手であれば、いつまでも避け続けることはできません。必要以上に親しくなることはありませんが、気軽に挨拶できるぐらいの関係にはなっておきたいものです。

職場に苦手な人がいて、あまり挨拶をしていないのであれば、明日から、その人とアイコンタクトをしっかりとって「おはようございます」と言ってみませんか。

ある生徒さんは、これを実行してみたところ、相手のほうから思いもかけない優しい返事をもらってびっくりしたそうです。

「私が挨拶していないから、親しくなれなかったのですね」と笑っていました。

職場や仕事先などで苦手だと感じる人が1人ずつ減っていけば、ストレスがグンと軽減されます。ぜひ試してみませんか。

何度か挨拶を交わしているうちに、親しみがわいてくる。

44 挨拶しても無視されたら？

最初は、やはり持久戦

こちらがしっかり挨拶しているのに、きちんと返事をしてくれない人はときどきいるものです。全員に同じ対応をするのであればまだ許せますが、自分だけ無視されると気分が悪いものです。

今後は、こちらも相手にしないという方法もありますが、無視できない存在であれば持久戦しかありません。**過去に、相手の反目を招くような出来事がないのであれば、おそらく相手にとっては、あなたが苦手なタイプであることが想像できます。**

そういう人に「返事をくれ」などと視線や態度で要求しても、結果はかえって悪いものになるにちがいありません。

こういう人には、あなたの優しい気持ちを送り続けるしか方法はなさそうです。その人の横を通るとき、1メートルぐらい手前からアイコンタクトをとりながら、ゆっくりと「おはようございます」と言葉を投げかけてみましょう。

最初は返事をしてくれないかもしれません。それでも、1カ月ぐらいは続けます。相手も人間ですから、しだいにあなたを意識するようになるはずです。

こうしてじっくり時間をかけて距離を縮めていくうちに、いずれ返事をくれるようになるはずです。

奥の手は名前を呼ぶこと

ここまでしても返事をしてくれないのであれば、最終手段です。

名前を呼んでから挨拶をしてみましょう。名前を呼ばれて無視できる人を、私はいまだに知りません。

1メートル手前から「○○さん、おはようございます」と言いながら、アイコンタクトを送り、相手の横をゆっくり通り過ぎます。

仕事に没頭して朝の挨拶をしない上司に、これを実行した生徒さんがいます。

「○○課長」と名前を呼んで、彼がこちらを向いた瞬間に、目と目を合わせて笑顔を送り、「おはようございます」と言うと、彼も照れくさそうに「あ、おはようございます」と返事をくれるようになったそうです。あとでよくよく話を聞くと、

「挨拶をしてないなとはうすうす思っていたけど、あなたから名指しで挨拶をされてハッとなった。大人として恥ずかしい」

と言ってくれたそうです。いい反応をくれない人には、時間をかけて自分の優しい気持ちを与え続けることが必要です。

アイコンタクトを送り、「おはようございます」と言ってみよう。まずは名前を呼んで、こちらを向いた瞬間に挨拶をすると返事がきやすい。

45 お見合いの成否は第一印象で決まる!?

即座に断られる人、選ばれる人

世は婚活ブーム。お見合いではじめて会う異性とのコミュニケーションでとまどっている方も少なくないようです。

第一印象は「はじめの10秒間が勝負」とお話ししました。**コミュニケーションが苦手な人は、わずかこの10秒間で、相手に「×」をもらってしまい、全く挽回できずに断られる傾向にあります。さて、あなたはどうでしょう。**

たとえば、お見合い場所に着いたとき、すでにお相手が仲人とともに座っている姿が目に入ったとしましょう。次に、あなたならどんな行動をとりますか。

本来、ここでアイコンタクトをとるべきですが、近くまで行ってから目を合わせる、まず仲人に挨拶するという人が多いようです。しかも、お相手には目礼程度。これでは感じがよいはずがありません。

なにしろ、お相手にはあなたの姿が目に入った瞬間から、あなたの印象が刻まれ続けているのです。席に着いたときには、お相手はすでにお断りモードに入っていることでしょう。これでも、「ちゃんと挨拶をした」つもりになっている人も多いので驚きです。

まずお相手にアイコンタクトを送る

本当にお相手のハートを射止めたいのなら、遠くからでも、その人に気づいた瞬間に立ち止まることです。

そして仲人よりも先に、離れた場所からお相手にアイコンタクトを送り、目礼をします。そこからゆっくり近づいていき、ときどき、アイコンタクトと微笑みを送りましょう。

間近まで来たらまた立ち止まり、お相手から先に「○○さんでいらっしゃいますか。はじめまして、××です」と伝えます。

それから仲人に向かって、「今日はお忙しいなか、ありがとうございます」と伝えます。会った瞬間から、自分に気を遣ってくれて優しいメッセージをくれるあなたに、お相手もとても気分がいいはずです。

もし、自分が先に待っている立場なら、お相手の姿が見えた瞬間に席から立ち上がり、微笑んで目礼します。お相手が近づいて来るのをアイコンタクトと穏やかな表情でお迎えしましょう。最初の印象がいいと、あとの会話もはずみますよ。

挨拶は相手が視界に入った瞬間にしよう。その場で立ち止まり、「アイコンタクト」→「会釈」の順でメッセージを送る。

46 見知らぬ人と一緒の知人とは、こう話そう

連れの方を気遣う方法

路上や飲食店で知人とばったり会ったとき、その知人が見知らぬ人を連れていたら、あなたはどうしますか。

これは、まさしくコミュニケーション力と人間関係力が試される瞬間です。

こういうときは、まず知人に「お久しぶり」などと挨拶をします。その後、すぐ連れの方にアイコンタクトを送り、軽く会釈して「こんにちは」と遠慮がちに声をかけましょう。知人との会話は短く切り上げ、「では」と早く解放してあげます。

そして、もう一度連れの方に「失礼します」と言って去って行きます。

連れの方に気まずい思いをさせない思いやりが知人にも伝わり、連れの方もあとで「感じのいい人ですね」と言ってくれるかもしれません。

一方、あなたが連れの人の立場であれば、声をかけた人に「こんにちは」と遠慮がちに言い、少し離れたところで待てば、2人は会話をしやすくなります。

これまで、連れの人の立場になった方は、ほとんどが無視されたような扱いを受けて寂しい思いをしたことがありませんか。

「見知らぬ人にも自分と同じ心がある」と言われてみれば当たり前のことですが、実際の場面では、その通りに行動できる人は少数です。

こうした思いやりのある行動を一つひとつ身につければ、どんな場面でも即座に大人の気遣いを見せることができるようになります。

知人と一緒にいる方にも、きちんと視線を送って会釈をしよう。

6章

気兼ねなく会話を楽しめる

「人の輪」に
すんなりとけこめる
「話し方の基本」

47 一対一の会話と基本は同じ

なぜ、むずかしく感じるのか？

私たちは、職場はもちろん仕事先、会合、パーティーなどで、複数の人と会話をする場面がたくさんあります。どのような場面でも、1人だけポツンとしていたり、黙りこんだりしていては、息苦しい時間となってしまいます。できれば、気軽に会話を楽しみたいもの。

複数の人と会話をすることに、苦手意識をもっている人は少なくありません。考えてみれば、相手と話す回数は一対一の会話よりはるかに少なくてすむはずです。その場に5人もいれば、5回に1回話せばいいからです。しかし、当人にお聞

苦手意識をもつ理由とは？

なにを話したらいいのかわからない
「話すタイミング」をつかめない
「あなたもなにか話したら」と言われて焦る
自分が話さない限り、注目されず孤独を感じる

きしますと、ことはそう単純にはいきません。実際にはいくつかの理由が重なって、苦手意識を募らせているそうです。なんらかの手を打たない限り、人の輪に入ることを避けるようになってしまうでしょう。

さあ、一刻も早く会話の基本を身につけて、たくさんの人と楽しいひとときを過ごせるようになりましょう。基本的な方法は一対一の会話の場合と同じです。では、具体的な方法をお話ししていきます。

複数の人と会話をする基本は一対一のときと同じ。

48 この相づちで、その場にとけこめる

楽しい雰囲気を壊さないために

複数の人たちと話すときも、まずは話をじっくり聞く態度を身につけることからはじめましょう。会話に入っていけない、ついていけない——。こんなときは孤独感を感じるものです。

心のなかで「つまんない」「早く終わらないかな」などと思っていると、表情が冴えず、どことなくうつむき加減になるなど、態度にも表れてしまうもの。周囲を拒絶するかのような雰囲気をかもし出していては、他のメンバーも話しづらくなることでしょう。

あなたの身の処し方は簡単です。**誰かが話をしているときは、その人をまず見ること。これに集中してください。話し手の話に「ほー」「へー」などと大きくうなずいたり、笑ったり感心したりして、きちんと「反応」してあげましょう。**これだけでも、その場がパッと明るくなり、みなの気持ちに高揚感や一体感が出てきます。あなたはその雰囲気の担い手になったわけで、もう、その場になくてはならない一員になったのです。

「まずは話さなければ」という呪縛から自分を解放してあげることです。

その場の雰囲気は話し手だけではなく、全ての人々によって支えられていることを忘れないでください。

こんなふうに話そう！ルール

いま話している人の話を聞きながら、しっかり相づちを打とう。

49 周囲の人と呼吸を合わせよう

他の人と同じ行動をとればいい

スポーツや漫才など何人かで共同してことを成す世界では、よく「息を合わせる」という言葉が使われます。みなが吐く息と吸う息を合わせなければ、共同した作業はできないということでしょう。

会話も同じです。そこに参加しているメンバー全員の息が合ってこそ、会話も盛り上がるというもの。**コツは簡単。みなと一緒に笑ったときや、「ほー」とか「ふーん」と言うと当然息を吐きますね。そのあとで息を吸います。**

それだけで、全員の息が合ってきます。つまりみなが同じ行動をとれば自然と息

が合ってくるというわけです。

あなたが話し手をしっかり見て、みなと同じ行動をとるようになり、息が合ってくるにつれて、あなたもその場にとけこんでいきます。

みなもメンバーの一員として頑張っているあなたを認めていきます。

いずれ、他のメンバーから、こんなふうに質問されるときがくるでしょう。

「○○さんはボーナス、いつごろ出るの?」「○○さんはスポーツ得意?」「○○さんは会社で苦手な人はいるの?」

他の人は黙ってあなたが話し出すのを待っているわけですから、はるかに話しやすくなるでしょう。それにみながあなたを見てくれていますので、もう寂しくはなくなります。まずはグループの人たちと息を合わせる練習をしましょう。その場にとけこむことで、自然と会話に参加できるようになりますよ。

みなが笑って盛り上がったときなどに、呼吸を合わせてみよう。

50 自分の情報を少しは話して、ネタを提供する

聞き手が質問しやすくなる

「みなが自分に注目していると思うと、緊張してうまく話せない」

これも、会話を苦手とする方々の大勢を占める意見です。

注目されないのも寂しいが、みなに注目されながら話すのも苦しいのです。

あまりに緊張しすぎると答えに詰まって、その場をしらけさせることもありますから注意が必要です。

たとえば、「〇〇さんは花火大会に一緒に行くようないい人はいるの？」と尋ねられて、「いえ、別に……」などと答えに詰まるのもその一つ。

これでは、質問したほうも「これ以上は聞くなということか」と気を遣って、そこで話をやめてしまうでしょう。

受け応えにもマナーがあります。質問されたら、聞き手が次の質問をしやすいように情報を少し提供してあげてほしいのです。

「ええ、花火大会ですか。いないですよ、一緒に行けるような人は。浴衣でも着て行ってみたいですね」

とでも答えれば、聞き手は「この会話を続けてもいいのだ」と思いますし、「浴衣」というキーワードで話を展開させることもできます。

もちろん、聞き手が次の質問を思いつかなくても、その場には他のメンバーもいるのですから、

「浴衣か、いいなー」

「前の彼氏と花火に行って以来、浴衣を着てないですよー」

などと会話が広がる展開も十分に考えられます。

会話の材料を一つ提供すれば、それに基づいて、周囲のメンバーも会話に参加する題材を選ぶことができます。こんなふうに、一人ひとりが会話をつなげたり、盛り上げたりする大切な役目を担っているんですね。

話せばストレスを発散できる

複数での会話に限りませんが、ある程度は自分のプライベートな部分を公開しなければ、会話は広がっていかないものです。

ちょっとだけ勇気を出して、自分のプライベートな話をしてあげられたら、その場の会話は必ず盛り上がります。

「○○さんは花火大会に一緒に行くようないい人はいるの?」と聞かれたら、

「いやあ、いないんですよ。5年ぐらい彼女(彼氏)いませんから」

「彼女いないんですよ。いろんなパーティーに行きましたけど、むずかしいものですね」

この程度の話はしてほしいと思います。

もちろん、自分の話は別の誰かに伝わるということを、考えに入れておかねばなりませんから、広まって困ることは言わないほうがいいでしょう。

あなたがちょっとずつ気持ちをオープンにしていくことで、その場のメンバーも気持ちが和らいで、「自分も話してみようかな」という気になるものです。

こうして一人ずつ心の鎧を脱いでいけば、口にしてもいい範囲がドンドン広がっていき会話も大がつくほど盛り上がるはず。しかも、自分の気持ちを話すと、ストレス発散できますから、いいことづくめですね。

プライベートな部分も少しは公開してみよう。他のメンバーも興味を引かれて会話に参加しはじめる。

51 みなが黙ったときは、こんな質問を！

過去の話題を持ち出してＯＫ

複数で話すときは、話題選びがむずかしいものです。全員にヒットする話題など、なかなか見つかるものではありません。

そこで私は「質問」することをお勧めします。

質問されるということは、興味をもたれている証になるので、たいていの人は嬉しいと感じるはずです。

質問といっても突拍子もないものでは困ります。**それまでの会話に出てきたエピソードをもとにした質問をするのが会話を盛り上げるコツです。**

ですから、それぞれのメンバーの話をよく聞いておいて、会話の流れを壊さない質問をすることが大切です。

質問を切り出すチャンスは、ふと訪れた〝沈黙の瞬間〟にあります。このときは誰が話の口火を切っても大丈夫。

たとえば誰かが少し前に、

「ゴルフのときの朝ごはんは、前の日に買ってきたアンパンみたいなものが多いね」

などと話していたら、その話がすでに終わっていてもかまわないので、

「ゴルフのときというのは、朝、奥様は起きてくれないものなのですね」

などと、再びその話題を持ち出します。

話題は先ほどした「ゴルフのときの朝ごはん」の延長ですが、真のテーマは「ゴルフで朝早いとき、奥さんは起きてくれるかどうか」という真新しいテーマに発展しています。

これなら、他のメンバーの方々も興味津津で会話に参加してくれるでしょう。

会話のなかに、自分の経験や聞き及んでいる話、自分の考えなどを入れれば、ドンドン話してもかまいません。

独身の人でも「私なら起きないわ。だって遊びで行くんでしょ」などと状況を想像しながら会話に参加できるので楽しいものです。

会話の流れのなかで、「あ！　こんな質問してみたいな」と思ったけれどもタイミングを外してしまった、ということはありませんか。

こんな質問をぜひとも覚えておきましょう。そして、沈黙というチャンスが訪れたら、早速、質問を繰り出して場を盛り上げてみましょう。

沈黙が訪れたら、聞きそびれたことを質問してみよう。

52 「全員が参加できる」話題を選ぼう

テレビ、雑誌などでネタを集めておくといい

　複数で話すときは、自分だけで延々と話を独占しないように気をつけましょう。一人だけ気分よさそうに話して、あとの人はただうなずいているという状況は、いただけません。

　ぜひ、メンバーの関心事などを想像して、誰もが参加できる話題を選んでほしいですね。たとえば、その場に20～30代ぐらいの未婚者が多ければ、こんな話題を振ってみるのも一策です。

「最近見たテレビで、女性が結婚相手に望む年収は、最低でも×××万円というア

ンケート結果が出ていたけど、やはりみなさんそうですか？」

「男性はこの結果を聞いてどう思う？」

こんなふうに切り出せば、その場にいる全員が興味をもつことでしょう。全員に話すチャンスがあれば、どの人もその席に参加した甲斐があるというものです。

「夫婦と子供１人の家庭では、いったいいくらぐらいの収入が必要か？」

「では男性は女性を選ぶとき、なにを条件に考えているのか？」

「料理ができない女性は、条件から外されるのか？」

「男性の収入が少なければ、自分が食べさせてあげるという女性はどれくらいいるのか？」

こんな話になれば、他人の考えや体験にふれることもできて勉強になります。そこを出発点にして、話は様々な方向に広がっていくことでしょう。たとえば、

「ある友人は、男の収入は気にしないと言いながら、結婚相手として選んだ男は年

収二千万の外資系会社に勤める人だった」

「いま自分の会社にいる女性は、7歳も年下のジャニーズ系のイケメンと結婚して、みなからうらやましがられていたけど、全然働かない人らしくって、いまはとても苦労している」

こんなふうに、それぞれがもっている話へとつながり、そこからそれぞれの感想や考え方に話が及んで、アッという間に時間が過ぎてしまうことでしょう。

あなたも、複数の人と話すチャンスがあれば、みなが参加しやすい話題を2つ3つ用意して臨んでみてください。

気になるニュースがあったら、持ちネタとしてストックしておこう。

53 一部の人しかわからない話はしない

ありきたりな内輪話はつまらない

複数で話すときのタブーは、一部の人しかわからない話題を持ち出すことです。

たとえば6人のメンバーで飲み会をしたとしましょう。その中のA、B、Cの3人が同じ会社で、残りの3人はそれぞれ別の会社に勤務しているとします。

そのなかでAさんが、BさんとCさんに、

「今度の異動の話は聞いた？」

などという話題を持ち出すのは避けたいもの。もし、そこで長い話になってしまったら、他の3人は黙って聞くしかないからです。

どうしてもその話をしたければ、他のメンバーにもわかるように、途中で解説を入れてあげることです。

「Aさん、Bさん、今度の異動の話は聞いた？（他のメンバーに向かって）あ、ごめんなさい。うちの課で、すごく評判の悪い上司がいましてね。その人が地方に異動になったのですよ。その話なんですけどね」

これなら他の3人も話に入れますね。ただし、どこにでもありそうな、社内の出来事を長々話していたら、やはり他のメンバーはつまらなく感じるでしょう。

複数で会話をするときは、メンバー全員に配慮する視点が必要です。

一部の人にしかわからない話題は避ける。どうしても話したければ他の人にもわかるように解説を入れる。

54 連帯感が増す、こんな質問！

みながバラバラにしゃべっていたら……

5、6人程度の人数で集まって話すときに注意したいのは、みなが一つの話題について、一緒になって話すよう心がけることです。

せっかくみなで集まったのに、あっちで2人、こっちで2人、向こうで2人がコソコソとしゃべっていることほど寂しい風景はありません。

いったいなんのために、みなで集まったのかわからないでしょう。それなら気の合う人同士で、ご飯でも食べに行けばよかったのです。

これには、強いリーダーシップと参加者の意思統一が必要となります。みなが全員で話すぞと強い気持ちでいることが大切。

自分に話すチャンスがないからといって、隣の人に別の話題で話しかけたりしたら、それだけでグループの和は崩れてしまいます。

もし、２人ぐらいの仲良し組ができてしまい、グループの雰囲気がこわれそうなら、全員で話せる話題を見つけて、その２人にも質問してあげましょう。これで、そのメンバーもまた全員の会話に戻れます。

「はじめてのデート代って、やっぱり男が出すものかな。みなさんはどう思います？」という感じです。こんな質問でみなの気持ちを一つにできれば相当なレベルです。ぜひ、徐々に力をつけて、このレベルを目指しましょう。

個別のグループにわかれてしまったら、みなが興味をもてる質問を考えて尋ねてみよう。（ただし8人以上のグループでは難しいので、この限りではない。）

55 「笑える失敗談」を披露しよう

「○○さんは、こんなときどうします？」

話題を独占するつもりはなかったけれど、結果として自分ばかり話していることに気づいたら、他のメンバーに急いで話題を譲りましょう。

とはいえ、「今度は○○さんがなにか話してください」などと丸投げしては、渡されたほうも困ってしまいます。

こういうときは、自分が話していたことについてみながどう思うか、どうするかを尋ねてみればいいでしょう。たとえば、あなたが「一本三千円のワインを買おうとしてレジに並んでお金を払おうとしたとき、『一万三千円でございます』と言わ

れた」という話をしたとしましょう。このとき、

「A男さんならこの場合、どうしますか？」

「B子さん、女性はこういうとき、遠慮なく間違いましたって言えますか？」

こんなふうに話を振ることで、話す役割が自然と別の人に移ります。あとは相手が思う存分、語ってくれるのをじっくり聞きましょう。

自分の失敗談を話して、相手にも同様の場面での対応法を尋ねてみる。あくまでも想像上のことですから、他の人も楽しみながらイメージを広げられるでしょう。みなが楽しく会話に参加できる質問の仕方ですから、ぜひ使ってみてください。

自分の失敗談を話したあとで、「あなたなら、このときどう思いますか？」「あなたならこの場合、どうしますか？」と質問してみよう。

56 近くに座っている人の気持ちをつかむ

他のメンバーへの「橋渡し役」になってもらう

知らない人ばかりのグループに入って話をするのは、幾多の試練が待っていそうで気が重いことでしょう。

ましてや、仲がいいグループに自分だけが新参者として入れてもらうような状況では、そのむずかしさは計り知れません。

そんなときは、あなたをグループに誘ってくれた人の隣の席をいち早く確保することです。そして、近くにいる人と早く打ち解けるように頑張りましょう。

自分のほうから自己紹介するなり、お酒をつぐなりして、隣や正面にいる人たち

の気持ちをつかみましょう。グループになじむには、こうした人たちの力を借りることが必要です。

グループに入れてもらったときは、まず話している人をしっかり見て、他の人と同じように相づちを打ちましょう。みなが笑えばなるべく笑う。手を打てば、意味がわからなくても自分も手を打つ。こうして息を合わせるのが基本です。部外者のように振る舞っていては、そのグループの一員として認めてもらえません。

こうしてその場になじんできたら、親しくなった近隣の席のみなさんの力を借りて、他の人とも親しくなっていきます。

その後、親しくなった人たちに、まだ話をしていないメンバーのことを質問すればいいのです。そのとき相手の名前を呼ぶことも忘れずに。

「Aさんの隣の方が、今日の幹事のBさんですね」

こんなふうにBさんの顔を見ながら尋ねれば、Aさんは「そうです」と言いながら、Bさんを見て、何らかの紹介をしてくれるでしょう。

Bさんのほうも、自分に興味をもってもらえれば悪い気はしません。紹介されればあなたに会釈をするでしょうし、なにか話しかけてくれるかもしれません。

このときは、しっかりアイコンタクトをとり、Bさんの話に大きくうなずくなど、きちんと聞くことでお互いの関係は大いに進展します。もしも質問をしてくれたら、できるだけ気持ちをオープンにして答えることも大切です。

こうして、一人ひとりと少しずつ距離を縮めていってください。誰かがあなたを好意的に受け容れれば、他のメンバーもそれに従っていきます。次第に、あなたはグループに受け容れられていくでしょう。

まずは隣や向かいの人と打ち解けよう。親しくなったら、他のメンバーへの紹介などをお願いする。

57 どんなグループにもとけこめる方法

一人ひとりと地道に関係を築いていこう

こうして見ていきますと、他人の心をつかむには、まずその人を受け容れることが大事だということがわかります。

すでに関係が出来上がっているグループのなかに入っていくときは、どうしてもそのグループを一個の存在として見てしまいがちです。

実際はグループの一人ひとりが、他人から拒絶を受ける不安をもったあなたと同じ一個の存在なのです。その一人ひとりが新規でグループに入ってきたあなたに受け容れられるのか、拒絶されるのかを気にしています。

どうぞ、一人ひとりにアイコンタクトをとって、一人ひとりの話にうなずいて反応してあげてください。彼らは自分が受け容れられたと感じたら、あなたを受け容れてくれます。それまで自分が受け容れられることは棚上げしておくことです。

ひとつの集団に溶けこむにはやはり時間が必要です。受け容れられるまでの間、あなたは耐えなくてはなりません。それに耐えきれずに逃げ出したり、閉じこもったりすると、いつまでも人の輪になじめません。

まずは一人ひとりを受け容れて、自分が受け容れられるのを待つこと。これは複数のなかでの会話を超えて、一つの組織にとけこむ技術にも通じる人間関係術なので、ぜひ身につけてください。

ある集団にとけこむには、一人一人にアイコンタクトをして、話を聞き、うなずき、彼らを受け容れてみよう。自分が受け容れられるまで耐える力も必要。そのうち仲間として認めてくれる。

7章

もっと親しくなりたい
人がいたら！

一目置かれる
“ひとつ上の話し方”

58 こんなところに「気づく」と喜ばれる

身だしなみ、行動などの変化をキャッチする

日本人は、ほめられるのが苦手です。「○○さんてお洒落ですね」とほめても、「いえ、そんなことないです」と返す人がなんと多いことか。

このあと「お洒落ですよ」「ちがいますよ」の押し問答の末の気まずさは、誰もが味わったことがあるのではないでしょうか。会話に苦手意識をもっている方には、間違っても「ほめ上手になりましょう」とは言えません。

実はもっとシンプルで、人間関係の距離を縮める効果的な方法があります。それが「気づく」ことです。

「あ、髪を切りましたね」
「もう半袖ですね」
「いつもエレベーターではなくて、階段を使っていますね」
「今日はピンクですね（服装のこと）」

これなら、言われたほうも否定のしようがありません。

自分の変化に気づいてもらえるのは、関心をもたれている証ですから、誰にとっても嬉しいはずです。加えて、特別にほめられたわけではないので、相手も素直に受け容れて喜ぶことができます。

いかがでしょう。これなら日常の会話でも、すぐに取り入れられそうだと思いませんか。

人の変化や様々な一面に気づくためには、ふだんから人を観察しておくことです。

多くの人を観察しているうちに、服装の変化や様々な好みがわかってきます。

そのうちピンとくる瞬間がやってきますから、すかさず、

「○○さん、もう秋の服装ですね」

などと声をかけてみましょう。すると、相手も「ええ」などというそっけない答えではなく、「ちょっと先取りで」「一人で先走っちゃって、浮いているかな」などと応じてくれるでしょう。


そこからは「共感」「沈黙」「質問」「自分も自己開示」といったように、これまで培った話術で会話を広げてください。相手の変化に気づくことは「会話のきっかけ」をつくる上で大いに役立ちます。

相手の「服装」や「振る舞い」の変化を言葉にしてみよう。服装なら季節の変化、行動ならその人がなにげなくしていることで、評価できることを伝えてみよう。

59

YES・NOで答えられる質問からはじめよう

途中から「オープンクエスチョン」に変えていく

「野口さんは話しやすいですね。YES、NOで答えられる質問から話をはじめてくれるから、話しかけられてもすごく楽です」

ある生徒さんにこう言われたことがあります。これにはちょっとびっくりしました。なぜなら会話のセオリーではYES、NOで答えられる「クローズドクエスチョン」ではなく、いく通りも答えがある「オープンクエスチョン」を使ったほうが話は広がるとされているからです。

私は無意識のうちに、クローズドクエスチョンから話をはじめていたようです。

そこで、その生徒さんのご協力のもと、自分の会話を分析してみました。私の問いかけはいつもこんなふうにはじまるのだそうです。時季は7月初旬のことです。

「今日は暑かったでしょう」（まずはYES、NOで答えられる質問からスタート）

「本当に、暑かったです」

「おうちでは、もうクーラー使ってます？」

「いいえ、できるだけクーラーは使わないようにしています。うちはお盆ぐらいまではクーラー入れないんですよ」

「わあ、我慢強いんですね」

「でも、夜は汗ダラダラ流しながら寝てますよ」

「それでも熟睡できますか？」

「ええ、もう体が慣れてしまって」

「なににつけても我慢強いのですか？」（ここでその人の人柄に話題をチェンジ）

ワンランク上の質問法

答えやすい質問をしてみる

最初はYES、NOで
答えられる
「クローズドクエスチョン」

↓ ……**人柄についての**
エピソードが出てきたら

話を広げていく

「オープンクエスチョン」に
切り替えていく

「まさか！　買い物はぜんぜん我慢できなくて、ほいほい買いますよ」

この生徒さん曰く、まずはYES、NOで答えられる質問をもらって、その答えに共感をもらえると気持ちに余裕が出るとのこと。

そこから、相手の人柄に話をもっていくのが私のパターンのようです。

いきなり「クーラーを使うのは例年いつ頃ですか？」と聞かれたら、相手は質問の意図を想像しながら考えなくてはならず、話しにくいことは確かです。

そういえば、教室に15分前ぐらいにお出でになる方には、**「いつも早めにお出でになるのですね」**からはじまって、**「なんでも余裕をもって行動されるほうですか？」**という方向に話を進めています。

ギリギリか遅刻ぎみの方には、

「気持ちの上では、間に合うように行こうとは思っているのですか？」

と聞いて、それから**「行きあたりばったりの人生？」**などと話が展開しています。

この場合、ほとんどの人が笑いながら「そうです」と言って、そのときのエピソードや、ふだん、周囲の人からなんと言われているか等を話してくれます。

なお、先ほどの会話では、私がクローズドクエスチョンから、最終的にはオープンクエスチョンに切り替えていることに注目してください。

まだ打ち解けていない人と話すときには、はじめは答えやすいようにクローズドクエスチョンを使ってみましょう。

その後、徐々に相手の人柄がわかるような質問をして、会話を広げていくように意識してみてください。相手の思わぬ人間的な部分が引き出せれば、アッという間にその人と仲良くなれるはずです。

会話のスタートは「YES」「NO」で答えられる質問をしよう。その後、相手の人柄（せっかち、うっかり、しっかり等）を引き出す展開にできるとベスト。

60 「相手の名前」を散りばめる

私はこうして名前を覚えている

私は最近、歳のせいで記憶力が落ちていますが、人の名前だけはいまだに早く覚えられます。クラスに10人ぐらい初対面の方がいても、その場ですぐに名前を覚えることができます。

「○○さんですね」などと話しかけると、その方も早く打ち解けてくれます。名前を覚えてもらえると、誰もが大切にされているように感じるものです。

「どうしたら人の名前を覚えられますか？」と質問されることがあります。

その秘訣はシンプルです。名前を覚えることが相手を大切にすることであり、相

手に喜んでもらえることであることを強く意識することです。

その上記憶するときは、相手の顔を思い浮かべて、名前と一致させるイメージトレーニングを何回もします。私が教室の生徒さんの名前を覚えるときは、お会いする前から名簿に載っている名前を見て「どんな人かな」と思いを巡らせるようにしています。このステップが、記憶を強化する働きがあるようです。

ビジネスマンなら、もらった名刺の裏にお会いした方の特徴を書いておきましょう。顔の特徴の他にも、印象的な会話や言葉を書いておくといいでしょう。感情とリンクさせると、記憶力が一気に高まるようです。

あとは、芸能人の名前と引っかけて覚えることもあります。たとえば木村さんなら、顔を見たときに「キムタク」を想像したりして、楽しく覚えています。

親しみをこめて呼んでみよう

この他、よく知っている人でも、会話の途中にうまくその人の名前を散りばめてみましょう。

「課長」と呼ぶより、「野口課長」と呼び掛けたほうが親しみがわきます。

また、異性と話すときに「食べ物はなにが好きですか？」と尋ねるより、

「○○さんは、食べ物はなにが好きですか？」

と尋ねたほうが、相手も心の距離を縮めてくれるでしょう。

どうぞ親しみをこめて、相手の名前を呼んであげてください。

「どれくらいの回数で名前を呼んだらいいですか」という質問は野暮というもの。

相手の方に親しみがもてたら、呼んであげてください。

得することもけっこうある

名前を呼ぶ場面は、仕事先や職場だけに限りません。

私はお店に入ると、まず店員さんの名札を見て、いち早く名前を覚えます。

紳士服のお店なら、次回、店に入ったとき、その人がいたら名前で呼びかけます。

それだけでずいぶん親切にしてもらえて、しかも割引までしてもらえます。

飲食店では、追加で注文したいときや水がほしいときには「すみません」ではなく「○○さーん」と呼びます。

「すみません」では無視されることもありますが、名前を呼ぶと、必ず本人が駆け足でやってきます。私の家人は「恥ずかしいからやめろ」と言いますが、私にはちょっと楽しいいたずらです。あなたにもお勧めしておきましょう。

名前はその人そのもの。早く覚えて名前で呼びかけると、その人を大切にしていることになる。会話のなかではなるべく「○○さん」と呼びかけよう。

61

女性にもてる秘訣とは？

大切にしているというサインを出そう

「私って、けっこう面倒くさがりなんですよ」

「ああ、雨が降っていなければ傘を持たないのでしたね」

「えーっ、覚えているのですか！」


こんなふうに、以前聞いた話を覚えていて、後日持ち出すと、人は喜んでくれるものです。それだけ自分に関心をもってくれていると受け取るからでしょう。

この傾向は女性に強くて、これができる男性はけっこうモテるはずですよ。

以前、15年ぶりに私の教室にメールで問い合わせをくれた方がいました。

メールには教室に通っていたことには触れていませんでしたが、名前が特徴的であったことや、印象に残っていたエピソードがあったため、それらをメールの返事に書いたところ、いたく感激されました。

ここまで古い記憶をたどるのはむずかしいかもしれません。

でも、ふだんから相手の話にちゃんと共感しておくと、自分の感情に深く刻みつけておけるので、いろいろなエピソードを記憶できるようになります。

ぜひ、ふだんの会話でも試してください。

印象的なエピソードなどを覚えておき、後日、その人との会話のなかで持ち出してみよう。

62 ネガティブな話をされたら、まず共感！

迷惑なのはポジティブ意見

「僕は、この仕事に向いていないんじゃないかなと思うんですよ」

と後輩に言われたら、あなたはどうしますか。

相手がネガティブな話をしてきたとき、対処に困る人は多いでしょう。この場合、一番多いのは励ます人。

「そんなことないと思うよ。向き不向きは、その人の努力で決まるんだよ」

こうした正論を言う人に相談などしたくないものです。

あるいは、自分の経験談を語り出す人。

「私だって挫折の経験があるんだよ。そのときにね……」

はっきり言って迷惑です。不安にかられてネガティブな気持ちになっているときには、励ましも誰かの経験談もなんの役にも立ちません。

最悪なのは、ポジティブを押し付けてくる人です。

「ダメだなぁ、そんなネガティブじゃ。キミだってやればできるんだから、できるって念じながらやってごらん。人生、ポジティブでなければやっていけないよ」

このようにポジティブ信仰を振りかざされると、ますます「わかってもらえない」という気持ちが募ってくるものです。

気持ちを吐き出したほうがラクになる

私たちはつい、ネガティブな言葉を吐きたくなるときがあるものです。

それは、心が「ネガティブな気持ちを外に向かって吐き出したい！」と願っているときです。

自分がネガティブになったら、じゃんじゃんネガティブな言葉を吐き出すことです。「オレはダメだあ」「不安だー」「もうやめたい」「自信がない」……。するとどうなるか。不思議なことにネガティブな気持ちが薄らいでいきます。

女性の場合、「泣くだけ泣いたらすっきりした」という経験をお持ちの方が多いでしょう。あれと同じです。ネガティブな感情は、外に向かって吐き出されると小さくなっていくのです。

こんな言葉で受けとめよう

身近な人がネガティブな気持ちを語り出したら、まずは、その気持ちを受け止めてあげてください。

「僕は、この仕事に向いていないんじゃないかなと思うんですよ」

と言われたら、

「向いてない気がするの？」

こんなふうに、相手の気持ちをわかってあげる言葉を送ります。

そうすれば、彼は自信がなくなった話と、その不安を吐き出すでしょう。話し終えたとき、何らかの結論を導けなくても、「わかってもらえた」「ちょっと気持ちが楽になった」「また話を聞いてもらおう」と思うでしょう。

そんな本当の聞き上手が、そばに一人でもいる人は幸せ者です。

人間誰しも、ネガティブな気持ちにつかまるときがあります。

ネガティブな気持ちを受けとめる力は、人と長く付き合ったり、愛する家族と過ごしていくときには不可欠なものです。とりわけ円満な家庭を築きたければ、どんなことがあってもこの力を手にしてください。

ネガティブな気持ちを打ち明けられたら、ヘンに励ましたり、自分の価値観を押しつけたりしない。相手の辛い気持ちをひたすら聞いて、共感してあげよう。

63 相手の間違いは正さずに質問する

「それはおかしいよ！」と否定しない

若い男性から、「初デートといえども食事代は男と女、半々でしょう」と言われたら、昭和を引きずる男性は「それはおかしいよ」と言ってやりたくなります。しかし、人の価値観はうつろうもの。住む世界や年代によって考え方や価値観が違ってきて当たり前です。

それなのに、自分の価値観だけが正しいと決めつけて相手を変えようとすると、人間関係はとたんにおかしくなります。

こういうときは自分の価値観は横において、「あなたは……なのですね」という

言い方をマスターしましょう。この場合ですと、

「あなたは、デート代は半々にしたいのですね」となります。こう言ってあげれば、相手は自分の考え方や経験談を話してくれるでしょう。他人の価値観や考え方を聞けば、なるほどと思える点が見つかるものです。

言葉をそのまま返して、本人に考えさせる

たとえば若い社員が、

「私は会社では情だとか、いい人間関係などを築くのは無駄だと思っています」

と言ったなら、「バカ者！」と一喝するよりも、まずは、

「ほう、情も人間関係も役には立たないと思うのかい？」

と受けとめてあげてください。もし彼（彼女）の考えを正すのであれば、叱るよりも質問してあげるといいでしょう。

「情や人間関係がいらないと感じた訳を教えてくれよ」

「人間は協力することでここまで発展してきたが、会社では協力する必要はないのかい？」

「情も人間関係もいらない会社って、キミはここをどういう所だと思っているの？」

彼は質問に答えるうちに自分の考えの矛盾に気づき、自ら考えを訂正しようとするでしょう。他人から頭を抑えつけられても人は納得しませんが、自分で手にした気づきには従うものです。

人と対立しやすいなと感じる方は、こんな言い方をいくつか常備しておくのもいいでしょう。

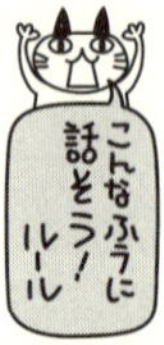

相手の考え方が間違っていると感じても、いきなり「おかしい」「違う」と決めつけない。「あなたは……なんだね」と受けとめてあげる。その後で質問を投げかけて、相手が矛盾に気づくようにしてあげよう。

64 ひねったネタより面白いものは？

ユーモアについての考え方

私の教室には、「会話」「恋愛と結婚」「人間関係」「自己主張」など、コミュニケーションに関する様々な教材が揃っています。

そのなかで、生徒さんの興味を最も引きつけているのがユーモアの教材です。

人間関係の本にも、ユーモアの効用はたくさん謳われています。

確かにユーモアは会話を楽しむ道具の一つではありますが、あくまでも、会話の基本を学ぶこと、これなくして、相手を心から楽しませることはできません。「ユーモアさえ身につければ、相手と一瞬のうちに打ち解けて気持ちをつかむことができる」というのは誤解です。

ユーモアが巧みな人は、アッという間に笑いをとり、一瞬で人の気持ちをつかんでいるように見えます。しかし、それは表面上、そう映るだけにすぎません。

この域に達した人たちは、会話の基本をしっかり身につけ、どうしたら人の心を引きつけられるのかを熟知した上で、ユーモアを使っているのです。

ふだん、アイコンタクトもせず、無表情、自己開示もゼロ。こんな会話をしておきながら、形だけユーモアを取り入れたところで、相手から期待するような反応を引き出すことは決してできません。

まずは会話の基本を学んで、その次のステップとして、ユーモアにチャレンジすることをお勧めします。

大爆笑になった、素朴な発言

わざわざユーモアを取り入れようと身構えなくても、自分の気持ちを素直に表現

するだけで爆笑がとれることがあります。用意されたネタよりも、はるかにイキイキとしていて、場を和ませてくれるものです。

あるとき教室で、まだ20歳そこそこの生徒さんが、

「毎年6月になったらすぐにクーラーのスイッチを入れてしまう」

と言いました。他の生徒さんが「早いね」「辛抱が足りないね」などとからかっておりましたら、そばにいた40代の男性が、

「私は5月の半ばからクーラーをつけています」

と言いました。すると20代の彼は思わず、「それは地球環境によくないでしょう」とポロリ。そのタイミングと自分のことを棚上げした発言に、教室は爆笑の渦に巻き込まれました。

さて、これも教室での話ですが、ある男性の生徒Aさんは30代にして、いまだに女性と付き合ったことがないらしいのです。

そのときクラスの別の男性が、レストランで恋人に泣かれて、大変うろたえた話

をしたら、Aさんがしんみりと、「いっぺん泣かれてみたい」と言ったので、また教室は大爆笑。

彼らは笑いがおきた理由がわからず、キョトンとしていましたが、もちろん爆笑の素は、その素直な感じ方と表現にあったのです。

それ以来、彼らはクラスの人気者となり、自分の面白さにも目覚めたようです。

自分を素直に表現するのは、口下手な方には勇気がいることだと思いますが、まずは気の置けない身近な人に試しながら、腕を磨いていきましょう。

自分の感じ方をそのまま表現するだけでも、爆笑がとれることがある。

65 友人、恋人ができる連絡の取り方

まずは感謝の気持ちを伝えてみよう

近頃、「友人や恋人ができにくい」という相談を受ける機会が増えました。

こうした方には、他人に自分から連絡をしないという特徴があるように思います。

よくよく話を聞いてみますと、なにを伝えればいいのかがわからないため、自分のほうから連絡できないといいます。

あなたはいかがですか。「自分もそうかも」と思いあたる方がいれば、「感謝」と「ねぎらい」の言葉を伝える方法をお伝えいたしましょう。

いまではメールという、とても便利な連絡手段がありますから、これを使えば人

との関係を縮めることも、そう難しくないでしょう。問題はなにに感謝するか。

それは「会ってもらったこと」や「お話してもらったこと」でいいのです。

「対等な関係で、そこまですべきなの」と考えると感謝できませんが、人との出会いの全てに感謝できるようにならないと、いい人間関係はつくれません。

「今日は会ってくださって、ありがとうございました」

「今日はお話してくださって、ありがとうございました」

「今日は楽しいひとときをありがとうございました」

こう言われたら誰でも気分がいいものです。こんな人にならまた会いたいと思ってくれるでしょう。そこにもうひと言、ねぎらいの言葉を付け加えます。

「遅くなったのでお疲れではございませんか？」

「翌日のお仕事に影響はありませんでしたか？」

「遅くなったので帰り道は大丈夫でしたでしょうか？」

こんなふうにねぎらいの言葉をかけてあげれば、さらに相手は心安らぐことでしょう。きっと色よい返事をくれることと思います。

その人があなたにとってまた会いたい人ならば、自分から誘ってみるのもいいでしょう。

「またランチにでも行きませんか？」などと伝えれば、きっといい関係がはじまります。友達も恋人も、自ら動く先に待っているものです。

恋人や友達をつくりたいなら、自分からメールなどで連絡してみよう。感謝やねぎらいの言葉を伝えるのがお勧め。

66 会話は技術より思いやり

相手の欲求を満たしてあげよう

様々な会話の方法をお伝えしてきましたが、はじめから読んでくださった方には、「会話とは技術ではなく思いやり」であることが、おわかりいただけたのではないでしょうか。

常に「自分がなにを話せばいいのだろうか」と考えたり、「自分をよく見せること」「嫌われないようにすること」に神経をとがらせるのはやめましょう。

それよりも、相手がどんなことを知りたいのか、あるいはどんな気持ちをわかってほしいのか、共感してほしいのかに目を向けてみることです。

そして、なによりあなたのほうから「もっと話がしたいです」というメッセージを発信していきましょう。その最適な方法が〝気持ちのちょっぴりオープン〟です。あなたが、ちょっとずつ気持ちを話していくうちに、相手も、心の鎧を脱いで本音で話してくれるようになるでしょう。

そうすれば、無理に話題をつくったり、会話術を駆使したりしなくても、自然と会話を楽しむ雰囲気が出来上がっていきます。自分がすることは意外と少ない——。こんなことに気が付いて、コミュニケーションがとても楽になるはずです。

練習すれば必ずうまくなる

さてみなさんは、どんな人とも会話が続く話し方の基本を全てマスターしました。すぐに実践できるものばかりですから、あとは経験を積むだけです。

はじめは会話が上手な楽しい方を相手に練習するといいでしょう。

特に女性は感情表現が豊かで反応が大きいので、あなたの会話術がどれほど上達したかがよくわかり、練習相手にはぴったりだと思います。

反対に、無表情で無反応な人を相手にチャレンジすると、全くうまくなっていない気がして、落ちこんでしまいますから、はじめからあまり〝大物〟を相手にしないよう注意してください。

会話にコンプレックスがあるという理由だけで、人との間に壁をつくっていたのでは、幸せを自ら手放すようなもので、もったいないことだと思います。

人間の幸せは、モノだけでは決して手にはできません。

多くの人と語らうことで、気持ちがつながり、絆が深まっていくなかで感じた幸せは、モノやお金を手に入れたときの幸福感とは質も重みも違います。

毎日、幸せを感じられるようになる

最近は、傷つくことを恐れて人との関係をできるだけもたないようにしている人が増えているようです。でも、それがいかに損なことかを、一刻も早く知ってほしいと思います。

毎日、家族、友人、近所の人、職場の人と「おはよう」「お疲れさま」「大丈夫？」「昨日はありがとう」「今日の服は新しいんじゃない？」、こんなふうに言葉をかけあえることが、私たちの心の元気の素となり、明日への活力を生み出すエネルギー源になることを、ご自身の体と心で体験してください。

それが、ささやかでありながら、かけがえのないものであるということを知っている人には、仕事や人脈、ひいてはお金だってドンドン舞いこんでくるでしょう。

それらは全て、人を介してもたらされるものだからです。

さあ、今日から、周りの人に自分から積極的に声をかけてみましょう。

毎瞬、毎瞬、大きな幸せを感じられる人生に、ぜひなさってください。ご健闘をお祈りしております。

周囲に積極的に働きかけて、会話は元気の源であるという体験をしよう。

〈著者紹介〉

野口 敏（のぐち・さとし）

●—1959年生まれ。関西大学を卒業後、きもの専門店に入社。1万人以上の女性に接客し、人の心をつかむコミュニケーション方法に開眼。それをきっかけにコミュニケーションスクール「TALK&トーク」を開校。

●—現在、（株）グッドコミュニケーション代表取締役。「話し方教室TALK&トーク」を主宰。会話に悩める人が待ち望んだ、具体的でシンプルなコミュニケーションスキルが豊富にあると評判になり、全国各地から受講生が詰めかけている。これまでに5万人以上の受講生を聞き上手、話し上手に変身させてきた。

●—モットーは「今日習った人が、今日少しうまくなる」。実生活にすぐ生かせるノウハウや会話フレーズを懇切丁寧に伝授している。その温かくユーモアにあふれた人間味に惹かれて、リピートする受講生も後を絶たない。生涯学習開発財団の認定コーチの資格も有している。

●—現在、大手企業の社員教育、商工会議所、就職対策実習など、幅広い講演活動を行っている。著書に『一瞬で心をつかむ話し方』（学習研究社）などがある。

話し方教室 TALK &トーク
http://www.e-0874.net/

誰とでも15分以上　会話がとぎれない！話し方66のルール

2009年 7 月27日　　第 1 刷発行
2010年 3 月19日　　第37刷発行

著　者——野口敏

発行者——八谷智範

発行所——株式会社すばる舎

Subarusya

東京都豊島区東池袋3-9-7 東池袋織本ビル　〒170-0013
TEL　03-3981-8651（代表）　03-3981-0767（営業部）
振替　00140-7-116563
http://www.subarusya.jp/

印　刷——株式会社シナノ

落丁・乱丁本はお取り替えいたします

ISBN978-4-88399-830-2 C0030